Margarete Reichardt-Hitzler

Die Herkunft der russischen Sprache

Wie aus Indogermanisch
das moderne Russisch entstanden ist

AF199928

Das Titelfoto zeigt die Sophien-Kathedrale
von Nowgorod

Margarete Reichardt-Hitzler

Die Herkunft der russischen Sprache

Wie aus Indogermanisch das moderne Russisch entstanden ist

Bibliographische Information der Deutschen Nationalbibliothek:
Die Deutsche Nationalbibliothek verzeichnet diese Publikation in
der Deutschen Nationalbibliographie; detaillierte bibliographische Daten sind im Internet über http: // dnd.dnd.de
abrufbar.

© 2020 Margarete Reichardt-Hitzler
Herstellung und Verlag:
Books on Demand, Norderstedt

ISBN 9783750418813

Inhalt

Vorwort

Divide et Impera war schon immer der Grundsatz derer, die die Menschen beherrschen wollten. Auf Deutsch heißt es "Spalte und herrsche". Dieser Grundsatz galt besonders für das Verhältnis zwischen den slawischen Völkern und dem deutschen Volk und gilt heute ganz speziell für das Verhältnis des sogenannten Westen zu Rußland.

Was hat es mit der Spaltung auf sich? Wir Deutschen sind von den Russen seit 1919 bzw. 1945 nicht nur sprachlich und konfessionell, sondern auch geographisch getrennt, während es zum Beispiel im Jahre 1905 noch eine gemeinsame Grenze gab zwischen dem zum Deutschen Reich gehörenden Memelländchen und dem Zarenreich. Seit 1918 und vor allem seit der Auflösung der Sowjetunion 1991 liegen andere Länder zwischen Deutschland und Rußland, heute sind es Polen, Weißrußland, die Ukraine und die baltischen Staaten. Rußland ist für uns in weite Ferne gerückt.

Und dies gilt nicht nur räumlich. Zur einstmals gemeinsamen Grenze kamen dynastische Verbindungen. Der deutsche Kaiser Wilhelm II. (1859-1941) und Zar Alexander III. (1845-1894) waren Cousins zweiten Grades aufgrund der Abstammung Alexanders III. von Charlotte von Preußen (1798-1860), einer Tochter von König Friedrich Wilhelm III. (1770-1840). Charlotte war die Großmutter von Alexander dem III. und die Großtante von Wilhelm II. Seither ist viel geschehen: Der Sturz der Herrscherhäuser und die damit einhergehende Kappung der Familienbeziehungen zwischen Deutschland und Rußland, die kommunistische Revolution, die Herrschaft der Bolschewisten in Rußland, der Zweite Weltkrieg, die deutsche Niederlage, die Besetzung und Teilung Deutschlands und die Eingliederung der sowjetischen Besatzungszone in den entstehenden Ostblock, die Berliner Blockade, der Kalte Krieg, in der Gegenwart die

Differenzen um die Ukraine und die Krim, der Georgienkonflikt, gegenseitige Wirtschaftssanktionen, Boykotte von Sportereignissen, der Vorwurf des Dopings im Sport, Giftanschläge auf im Ausland lebende russische Dissidenten und mehr. Diese Vorgänge werden durch gegenseitige Abneigung befeuert, in erster Linie durch die Unkenntnis der jeweils anderen Kultur, in zweiter Linie durch aktive "Politik", nämlich im Osten durch etwas, was man seit 1849 allgemein Panslawismus oder Slawophilie nennt und im Westen durch das Kolportieren der Erzählung vom rückständigen und undemokratischen Rußland.

Es ist schwer für jemanden wie mich, der sich in Politik und Geschichte nur durchschnittlich auskennt, etwas über russisch-deutsche Beziehungen zu schreiben oder gar über die Beziehungen zu anderen slawischen Völkern. Ich hatte mich von klein auf für meine germanischen Vorfahren interessiert und über sie viel und lange geforscht. Eines Tages fiel mir jedoch ein, ich hatte die Slawen vergessen. Über Slawen wußte ich gar nichts. Dieser Fehler ist weit verbreitet. Viele meinen zu wissen, daß Rußland nicht zu Europa gehöre, rückständig sei, besonders auch in politischer Hinsicht. Während man Polen oder Tschechen noch zubilligt, Europäer zu sein, sind Russen anscheinend schon Asiaten. Heute ist es so weit gekommen, daß selbst viele Gebildeten und die Eliten glauben, Russen seien keine Europäer.

Dem will dieses Buch entgegenwirken. Es soll in Zukunft vermieden werden, daß sich Konflikte und Kriege zwischen germanischen und slawischen Völkern aus teils absichtlich gestreuten Mißverständnissen heraus entwickeln und zu solchen Tragödien führen, wie es im zwanzigsten Jahrhundert der Fall war. Damals gab es einen Kampf auf Leben und Tod zwischen zwei Völkern, die eigentlich Brüder sind. Deutsche und Russen sind nämlich eng mit einander verwandt.

Diese Verwandtschaft zu beweisen, ist das Anliegen dieses Buches. Es zeigt auf, wie Russisch sich aus einer Sprache entwickelt hat, die Wissenschaftler "Indogermanisch" nennen.

Aus derselben Sprache ist jedoch auch das Neuhochdeutsche entstanden. Und diese Zeit ist noch gar nicht lange her...

Einleitung

Wichtig scheint, die gemeinsamen Ursprünge der Slawen und Germanen wiederzuentdecken. Slawische und westeuropäische Völker unterscheiden sich durch die Sprache. Wirkliche kulturelle oder äußerliche Unterschiede gibt es nicht. Sie sprechen Sprachen, die verschiedenen Sprachgruppen angehören, aber vermutlich gemeinsamer Abstammung sind. Es ist die Frage zu stellen, sind die germanischen und die slawischen Sprachen miteinander verwandt?

Um dies herauszufinden, hilft zunächst eine summarische Untersuchung von Wörtern des deutschen und russischen Grundwortschatzes auf Gemeinsamkeiten. Diese gibt es tatsächlich:

стул (Stul) - Stuhl
мать (Matj) - Mutter
хлеб (Chljeb) - Brot [hier: Laib]
молоко (Malako) - Milch
нет (njet) - nein
я (ja) - ich
ты (tüi) - du
мы (müi) - wir [hier: mir]
любовь (Ljubow) - Liebe
брать (Bratj) - Bruder
сестра (Sjestra) - Schwester
люди (Ljudi) - Leute
сын (Sün) - Sohn
сидить (siditj - sitzen
фрукты (Fruktüi) - Obst [hier: Früchte]
холодный (chalodnüi) - kalt

Einige weitere Wörter kommen hinzu.

Insgesamt gibt es jedoch nur sehr wenige auf den ersten Blick gleiche oder verwandte Wörter im Russischen und Deutschen. Mit einem solchen Vergleich, also der Suche nach gleich lautenden Wörtern, kann man nur herleiten, daß die slawischen und germanischen Sprachen eben nicht gemeinsamen Ursprungs sind. Eine ganz andere Frage aber ist, ob eine solche Herleitung zulässig ist.

Es gibt die Auffassung, daß die Wörter germanischen Ursprungs im Russischen von den Wikingern herrühren. Die Wikinger sollen die Wörter nach Rußland gebracht haben, als sie mit ihren Schiffen newa- und dünaaufwärts Handels- und Raubzüge unternahmen. Gleichzeitig sollen sie den Russen kulturelle und zivilisatorische Gepflogenheiten und andere Neuerungen gebracht haben. Diese Wikingertheorie ist sehr abenteuerlich. Denn ausgerechnet Seeräubern sollen die Russen die Zivilisation verdanken!

Neben gleich klingenden Wörtern und verschiedenartigen Wörtern, die jedoch europäisch/germanisch anmuten, gibt es im Russischen echt asiatisch und slawisch klingende Wörter. Zum Beispiel faszinierte mich im Sprachunterricht immer das Wort "каникулы". Es wird "kanikulüi" gesprochen und heißt auf deutsch "Ferien". *Kanikulüi* klingt wie "Karakorum", der Name der früheren Hauptstadt der Mongolei, oder auch wie "Karakul", wie ein See in Tadschikistan heißt. Kanikulüi, das klingt wie Innerasien selber.

Oder nehmen wir das Wort "Человек". Es wird "Tschelowjek" gesprochen und heißt "Mensch". Dies ist auf jeden Fall ein echt slawisches Wort! Es klingt wie "Dolecek" oder "Dubcek", beides tschechische Familiennamen, oder auch wie der bekannte "Schwejk".

Sollte es also wahr sein, daß Russisch und Deutsch keinen gemeinsamen Ursprung haben? Wir werden sehen.

Kapitel 1

♦

Wie entsteht Sprache?

Um zu verstehen, wie es sich mit dem gemeinsamen Ursprung von Russisch und Deutsch verhält, müssen wir uns zunächst mit der Entstehung von Sprache allgemein befassen. Entgegen von gängigen Theorien bin ich der Meinung, daß die Entstehung von Sprache Naturgesetzen folgt, weil nämlich Laute von Natur aus eine Bedeutung haben. Dieses Kapitel widmet sich diesem Thema. Es ist eine Zusammenfassung meines Buches mit dem Titel "Die Herkunft der Wörter" und dem Untertitel "Einführung in die Etymologie". Wer sich mehr dafür interessiert, dem sei dieses Buches empfohlen.

Buchstaben und ihre Bedeutung

Sprache besteht aus Wörtern; Wörter bestehen aus Buchstaben. Hierzu ist wichtig zu wissen, daß Wörter nicht willkürlich aus Buchstaben zusammengesetzt werden, sondern daß jeder Buchstabe/Laut einen geistigen, einen begrifflichen Inhalt hat. Durch Addition von Buchstaben einschließlich ihres geistigen Inhalts entstehen Wörter, die nicht nur Laute sind, sondern auch ihrerseits eine Bedeutung haben. Um bei Wörtern die wahre Bedeutung entschlüsseln zu können, sollte der Leser die zu den Buchstaben gehörende begriffliche Bedeutung kennen. Da die lateinischen Buchstaben keine begriffliche Bedeutung mehr haben oder diese in Vergessenheit geraten ist, sind die Bedeutungen von den lautgleichen germanischen Runen hergeleitet:

Buchstabe   **Bedeutung**

Buchstabe	Bedeutung
A	Wind, göttlicher Odem, Dichtkunst
B	Birke, Brüste der Erdmutter
C	Siehe bei S, K und Z
D	Dorn, Hammer, Macht und Überwindung der Feinde
E	Pferd, Ehe
F	Vieh, Geld, Energie
G	Geschenk, Tausch
H	Hagel, (All)Gehege, Vollkommenheit
I	Eis, Stille
J	sich öffnendes Samenkorn, Jahreszyklus, Ernte
K	Kienfackel, Kunstfertigkeit
L	Lauch, Lebenskraft
M	Mensch, menschliche Sozialordnung
N	Flutwelle, Feuerbohrer, Not und Erlösung von Elend
O	Heim, Heimat, Erbbesitz
P	Losbecher, Schicksal, Ursache und Wirkung
Qu	siehe bei G und W
R	Reiten, Rad, Rhythmus, regelmäßige Wiederholung
S	Sonnenstrahl, Wille, Weg und Ziel
T	Himmelsäule, Speerspitze, Gesetz, Recht und Gerechtigkeit
U	Ur, Auerochse, fallender Regen, Urkraft, Vitalität

V	siehe bei F und U
W	Weide, Wonne, Freude, Kameradschaft
X	siehe bei G und S
Y	?
Z	Schwan, Elchgeweih, Schutzmacht

Ein jeder Buchstabe hat neben einer konkreten begrifflichen auch eine abstrakte Bedeutung. Die konkrete Bedeutung wird in der obigen Auflistung am Anfang, die abstrakte Bedeutung danach genannt.

Die Addition der Buchstaben zu Urlauten

Aus den Buchstaben/Lauten wurden vor langer Zeit erste Wörter gebildet, indem man zwei Buchstaben/Laute addierte und dadurch zu einer differenzierteren Bedeutung kam. Diese ersten Wörter mit zwei Buchstaben nennt man Urlaute oder auch Ursilben. Es folgt eine Auflistung der bisher bekannten Urlaute:

Urlaut	Bedeutung
Ar	Greifvogel, Adler
Fa/Fe	zeugen, erzeugen, machen
Is	sein, ist
Ul	alt, weise
Ga/Ge	gehen
Ma	Mann, Mensch
Ba	tragen
Na	hinab
Ra/Re	Sonnengott, herab
Ha	geschützter Bereich, heiliges Gehege

Os	Wir, uns
Ka	kann, können
Wa	heilig, geweiht

Als man diese Urlaute geschaffen hatte, hatte man eine erste ganz einfache Sprache. Wir nennen sie die "Protosprache". Dieses sehr frühe Sprache mit Wörtern aus lediglich zwei Buchstaben/Lauten folgte den in der Natur bereits angelegten Lautbedeutungen. Sie entspricht Naturgesetzen und ist universell. Die Protosprache hatte am Anfang noch keine Grammatik und vor allem waren die Wörter noch nicht in Kategorien eingeteilt. Wir sehen dies an dem Urlaut Is. Is bedeutet sowohl "sein" als Verb, wie "das Sein" als Substantiv und "ist" als dritte Person Singular des Verbs sein. Diese Protosprache war im Gebrauch, sie wurde zunächst als einzige gesprochen und entwickelte sich parallel mit der kulturellen Entwicklung weiter.

Die Addition der Urlaute zu Wörtern

Als das Leben komplizierter wurde, schuf man eine differenziertere Sprache und zu diesem Zweck die Grammatik. Man teilte die Wörter jetzt in Verben und Substantive ein, deklinierte die Verben, ordnete den Substantiven zur Unterscheidung von anderen Wörtern Artikel zu, schuf Eigenschaftwörter, Pronomen und Beiwörter. Vor allem jedoch schuf man jede Menge weiterer Wörter für alle Bereiche des Lebens.

Dabei ging man folgendermaßen vor. Man bildete aus Urlauten Sätze, die zusammengefügt einen neuen Begriff ergaben, genau wie zuvor bei den Urlauten, die aus Buchstaben aufgebaut sind. Auf diese Weise wurden die ersten richtigen Wörter, wie es sie heute noch gibt, geschaffen. Hier ein paar Beispiele aus dem Deutschen:

Fa + Ul = faul

Als Beispiel nenne ich hier das Wort "faul". Dieses Wort ist heute ein Adjektiv, besteht aber eigentlich aus dem Satz "fa ul", also aus einem Verb und einem Adverb. *Fa ul* heißt "alt machen". Damit ist gemeint "eine Alterung erzeugen" oder auch "alt werden lassen", also faulen.

Ga + Ul = Gaul

Das Wort "Gaul" besteht aus dem Satz "ga ul!". Sinngemäß heißt dieser Satz "lauf zu, Alter!", ein Ausruf, mit dem man ein Pferd anfeuerte.

Ha + Ba = haba (haben)

Das Zeitwort "haben" lautet auf altdeutsch "haba". Es besteht aus den Urlauten ha und ba. Auch diese beiden Urlaute wurden ursprünglich getrennt gesprochen bzw. geschrieben und waren ein Satz. Sie bedeuteten, etwas in eine Umzäunung oder ein Gehege (Ha) hinein tragen (ba) und dadurch in Besitz zu nehmen oder anders ausgedrückt "zu haben".

Fa + Ra = fahra (fahren)

Das Wort "fahren" heißt auf altdeutsch "fahra". Es handelte sich dabei vormals um den Satz "fa ra" und bedeutete "es machen (Fa) wie die Sonnenscheibe (Ra)". Dies meinte, sich als Scheibe bzw. Rad fortzubewegen oder zu rollen.

Auf diese Weise wurde mit der Zeit die erste richtige Sprache im heutigen Sinne geschaffen. Hierbei handelte es sich um eine Sprache, die eine Grammatik wie unsere modernen Sprachen hatte und die wesentlichen Wörter umfaßte. Wir nennen sie hier in diesem Buch die "Ursprache". Die Ursprache könnte man auch mit *Indogermanisch* bezeichnen, denn unter Berücksichtigung der hier vorgestellten Entstehungstheorie muß es sich um jene Sprache handeln, die frühere Wissenschaftler entdeckt zu haben glaubten und ihr diesen Namen gaben.

Kapitel 2

♦

Grundsätzliches zur Etymologie der russischen Sprache

Entstehung des Russischen

Im Gegensatz zum Deutschen ist die Entstehung der russischen Sprache nicht dunkel. Es ist also nicht - wie dies beim Deutschen der Fall ist - vollkommen unbekannt oder gar nicht recherchierbar, wann und wo die russische Sprache entstanden ist. Russisch entstand vor einigen hundert Jahren auf dem Gebiet des heutigen Rußland. Es entstand aus dem Urslawischen, wie man der Einfachheit und Verdeutlichung halber die Sprache nennt, aus der sich das heutige Russisch entwickelte. Beim Urslawischen dürfte es sich um eine dem sogenannten Indogermanischen zumindest ziemlich ähnliche Sprache gehandelt haben. Russisch gilt laut offizieller Sprachwissenschaft als eine indogermanische Sprache und geht nach dieser Theorie auf Indogermanisch zurück. Allerdings hat es eine eigene Entwicklung durchlaufen, die mit der Verschriftlichung der in Osteuropa gesprochenen Sprache begann und mit der Christianisierung der dort lebenden Völker in Zusammenhang steht. Ich verweise hier auf die offizielle Entstehungstheorie der slawischen Sprachen wie sie durch die Geschichte von Methodios und Konstantinos überliefert ist.

Methoden der Etymologie im Russischen

Wir wenden bei der etymologischen Untersuchung des Russischen beide Methoden der Etymologie an, die analytische Methode und die vergleichende Sprachwissenschaft.

Die analytische Methode

Die analytische Methode besagt, daß - wie in Kapitel 1 beschrieben - einsilbige Wörter aus Buchstaben und Urlauten zusammengesetzt werden und mehrsilbige Wörter in Wirklichkeit Sätze aus einsilbigen Wörtern sind. Bei der analytischen Methode muß demnach ein Wort in Silben getrennt werden bis ein sinnvoller Satz entsteht. Hierbei ist folgende Vorgehensweise zu beachten. Wir sprechen das Wort langsam vor uns hin und lauschen den Silben nach. Es ist wichtig, die Silben sorgfältig, genau und mit kurzen Pausen dazwischen auszusprechen. Möglicherweise hören wir dann sofort einen Satz. Es handelt sich dabei um Sätze aus Wörtern einer Sprache, aus der das heutige Russisch entstanden ist. Sind wir in der Lage, diese Sätze zu verstehen? Ausführliche Beispiele finden sich im nächsten Kapitel.

Die vergleichende Sprachwissenschaft

Bei der vergleichenden Sprachwissenschaft beziehen wir das Vorkommen von gleichartigen Wörtern in anderen Sprachen mit ein und vergleichen ihre Bedeutung. Auf diese Weise gelangen wir zu neuen Erkenntnissen und sichern die bereits vorliegenden Ergebnisse ab. Bespiele hierzu bringe ich im nächsten Kapitel.

Ein Nebeneffekt der Etymologie

Wenn wir bei der Entschlüsselung des Russischen die analytische Methode anwenden, gelangen wir zu Sätzen. Diese Sätze übermitteln Informationen aus der Vorzeit. Dies ist ein interessanter Nebeneffekt der Etymologie. Die Sprache ist die gesprochene, die mündliche Überlieferung der Geschichte.

Lehnwörter

Es gibt im Russischen Lehnwörter aus dem Deutschen. Ich nenne hier als Beispiel "ратуша", ausgesprochen "Ratuscha", auf deutsch "Rathaus". Dieses Wort wurde von Peter dem Großen im Zusammenhang mit der "Großen Stadtreform" im Jahr 1699 eingeführt[1]. *Ратуша* scheint im Gegensatz zu deutschen Lehnwörtern aus dem Lateinischen, die man besser auf Indogermanisch zurückführt, ein echtes Lehnwort zu sein. Denn es stammt offensichtlich aus dem Deutschen, es ist belegt, wann und von wem es eingeführt wurde, und es ist in Gestalt und Klang russifiziert worden.

Fremdwörter

Fremdwörter gibt es im Russischen häufig. Vor allem seit dem Ende der Sowjetunion und der damit verbundenen Öffnung nach Westen, sind auch viele englische Wörter übernommen worden. Darüber hinaus wurden in allen Epochen aus den angrenzenden Ländern Fremdwörter eingeführt, von denen manche heute etwas

---

[1] Seite 438 "Geschichte Rußlands - vom Mittelalter bis zur Oktoberrevolution": Der Zar verfügte, in Moskau ein - bald in 'Rathaus' (*ratuša*) umbenanntes -'Bürgermeiste-Haus' (*burmisterskaja palata*) einzurichten...

altmodisch anmuten, da sie aus einer vergangenen Zeit stammen und ihre wahre Bedeutung nicht mehr bekannt ist. Als Beispiel nenne ich das russische Wort für "Frisör". Es lautet "парикмахер", gesprochen "Parikmachjer", auf deutsch also "Perückenmacher" und stammt aus jener Zeit, als die vornehmen Leute in Europa Perücken trugen. Fremdwörter sind nicht Gegenstand dieses Buches und tauchen im folgenden Wörterverzeichnis naturgemäß nicht auf.

Die Bedeutung der Buchstaben in der russischen Etymologie

Russisch wird mit kyrillischen Buchstaben geschrieben. Es gibt im Russischen folgenden Vokale: a (a), ja (я), ä (э), je (е), ji (и), üi (ы), o (o), jo(ё), u (y), ju (ю). Eigentlich betrifft diese Vielzahl von Vokalen aber die Konsonanten. Von den Konsonanten gibt es harte und weiche. Die weichen Konsonanten werden so gesprochen, als finge der folgende Vokal mit einem j an. Dies ist der Grund, weshalb es ein a und ein ja, ein ä und ein je , ein u und ein ju usw. gibt. Zu diesem Zweck gibt es auch die Hartheits- und Weichheitszeichen ъ und ь. Bei den Konsonanten gibt es im Russischen ebenso wie im Deutschen Zischlaute. Im Unterschied zum Deutschen gibt es im Russischen aber für Zischlaute eigene Buchstaben. So gibt es etwa für "sch", welches im Deutschen aus den drei Buchstaben s, c, h besteht, im Russischen drei verschiedene eigene Buchstaben: ж (hart gesprochen wie französisch "Journal"), ш (weich gesprochen wie deutsch "Scheibe") und щ (weich gesprochen "schsch" oder "schtsch"). Für den Laut "tsch" gibt es auch einen eigenen Buchstaben, nämlich ч (gesprochen wie im Deutschen "Tschechei").

Die Behandlung der Konsonanten und der Vokale

Im Russischen gilt hinsichtlich der Etymologie für die Buchstaben im Wesentlichen dasselbe wie für das Deutsche. Mehr jedoch noch als im Deutschen stehen die Vokale gegenüber den Konsonanten in der Bedeutung zurück. Es gab nämlich in Rußland eine Zeit, in der nur die Konsonanten der Wörter geschrieben wurden, die Vokale ließ man aus. Dies gab es auch in Deutschland; man kann es in alten Grüften und Grabkammern an den Aufschriften sehen. Besonders gravierend war dieses Phänomen übrigens im alten Ägypten, wo Vokale gar nicht geschrieben wurden. Die Ägyptologen haben deshalb das Problem, daß sie nicht wissen, wie ein Wort auszusprechen ist. Um die Wörter sprechen zu können, setzen sie stets ein e zwischen die Konsonanten. Vor demselben Problem standen zu einer gewissen Zeit in Rußland Priester, die aus dem Ausland, möglicherweise aus Griechenland bzw. dem byzantinischen Raum, kamen und Messen in einheimischer Sprache lesen sollten. Sie wußten die Vokale nicht. Dies hatte auf die russische Sprache schwerwiegende Auswirkungen, als nämlich Vokale von den Priestern willkürlich eingeordnet wurden.

Genau dieses Phänomen ist bei der Entschlüsselung russischer Wörter zu beachten. Bei einem mehrsilbigen Wort, das nicht sofort in einen Satz getrennt werden kann, ist erforderlich, die Vokale zu streichen und nur die Konsonanten zu lesen. Man schaut sich dann das aus Konsonanten bestehende Wort genau an und überlegt, ob und wie Vokale anders einzufügen sind, damit ein sinnvoller Satz entsteht, der den Begriff erhellt.

Synonyme Buchstaben

Zu beachten ist die Synonymität mancher Buchstaben. Hier sind zuerst B, W, P und F zu nennen, die beliebig gegeneinander ausgetauscht werden können, bis ein sinnvoller Satz entsteht, der den Begriff erhellt. Der Grund hierfür ist, daß das B die weiche, stimmlose, das P die harte, stimmlose Variante, das W die weiche, stimmhafte und das F die harte, stimmhafte Variante desselben Lautes sind. Interessant ist hier die Betrachtung kyrillischer Buchstaben und der Vergleich mit lateinischen Buchstaben. Der kyrillische Buchstabe B hat nämlich den Lautwert des lateinischen W, was die obige Aussage von der Austauschbarkeit von B, W, P und F untermauert.

Es gibt von einigen weiteren Buchstaben eine harte und eine weiche Variante. Zu nennen ist hier G und K sowie D und T. Diese Buchstaben sind eingeschränkt gegeneinander austauschbar.

Eingeschränkt synonym und damit gegeneinander tauschbar sind auch R und L. Der Grund liegt darin, daß im Russischen kein Rachen-R, sondern ein Zungen-R gesprochen wird, das einem L, das ebenfalls mit der Zungenspitze gebildet wird, ähnlich ist. Es kann sein, daß bei einem Wort statt R ein L gehört wurde oder umgekehrt, das Wort daraufhin falsch aufgeschrieben wurde, was sich bis in die heutige Zeit fortsetzte.

Der Buchstabe H

Der lateinische Buchstaben H taucht im kyrillischen Alphabet mit dem Lautwert N auf. Einen Buchstaben mit dem Lautwert H gibt es im kyrillischen Alphabet hingegen nicht. Über die Ursache des Fehlens kann nur spekuliert werden. Möglicherweise wurde der

Buchstabe H mit einem N verwechselt und ging deshalb unter. Die germanische Rune Hagalaz (Lautwert H) mit ihrem schrägen von links nach rechts abwärts verlaufenden Querstrich kann nämlich leicht mit einem N verwechselt werden und wurde in diesem Fall als solches gelesen. Dann fiel das Fehlen des H womöglich gar nicht auf, da es nur gehaucht und kaum gehört wird. Tatsache ist, daß Russen wegen des Fehlens im Alphabet kein H sprechen können. Einen dem lateinischen N ähnlichen Buchstaben gibt es im Kyrillischen mit umgekehrtem - von links unten nach rechts oben verlaufendem - Schrägbalken, nur hat dieses Zeichen den Lautwert i.

Wo ein aus der Ursprache oder einer Fremdsprache übernommenes Wort ursprünglich ein H oder h hatte, fehlt dieses entweder ganz oder wird heute im Russischen als Ch, ch (kyrillisch X, x) oder G, g (kyrillisch Г, г) geschrieben. Um ein Wort zu entschlüsseln, muß deshalb entweder ein H mit Vokalen neu eingefügt oder vorangestellt werden oder das Ch oder G wird gegen den Buchstaben H getauscht.

Die kyrillischen Buchstaben ц (ts, z) und ч (tsch)

Die Laute "ts" und "tsch" bedeuten im Russischen dasselbe wie im Deutschen. Ts oder Z heißt "dies" oder "das". Tsch heißt "das ist".

Kapitel 3

♦

Untersuchung russischer Wörter

Allgemeines

Russische Wörter sind in Silben zu trennen, bis ein sinnvoller Satz entsteht, der den Begriff erhellt. Diese Satzbildung erscheint schwierig, da wir ja die Ausgangssprache, aus der sich das Russische entwickelte, nicht kennen und bei einer Trennung deshalb gar nicht wissen, ob wir einen sinnvollen Satz vorliegen haben und wie der lauten müßte. Aus diesem Grunde habe ich im ersten Kapitel erläutert, wie Sprache allgemein entstanden ist. Die russische Sprache geht letztendlich auf die dort geschilderte Ursprache zurück. Wir behandeln hier in diesem Kapitel deshalb zunächst Wörter, die die dort besprochenen Urlaute enthalten und gelangen auf diese Weise zu verständlichen Sätzen, die aus Urlauten und eventuell anderen einfachen Wörtern, deren Bedeutung bekannt ist oder erraten werden kann, bestehen.

Die Urlaute im Russischen

Urlaute treten im heutigen Russisch nur selten in ihrer im ersten Kapitel vorgestellten Gestalt auf. Russisch ist eine moderne Schriftsprache, die zwar auch aus der Ursprache hervorgegangen ist, jedoch in mehreren Wellen eine eigene Entwicklung bis zum heutigen Stand durchgemacht hat. Die Urlaute sind dabei durch die zeitweise Vernachlässigung und das Vergessen der Vokale, nämlich eben durch die schon erwähnte Konsonanten-schreibweise zum größten Teil untergegangen bzw. nicht mehr erkennbar. Weil also Russisch eine hoch entwickelte Schriftsprache, eine moderne Sprache ist, sind die Urlaute auf den ersten Blick kaum noch irgendwo zu entdecken. Dennoch gibt es viele Wörter, die Urlaute enthalten und deren Bedeutung heute noch vermitteln. Einige davon will ich hier vorstellen:

Der Urlaut Ar

Das bekannteste russische Wort ist das Wort "Zar". Es bedeutet "Kaiser", wobei hier speziell der russische Kaiser gemeint ist. Um die Bedeutung des Wortes Zar zu entschlüsseln, trennen wir die Buchstaben bis ein sinnvoller Satz entsteht, der den Begriff erhellt. Wir trennen in "Z-Ar". Nun schauen wir in Kapitel 1 bzw. Kapitel 2 nach, was diese beiden Wortbestandteile bedeuten. Der Buchstabe Z (hier Ts) bedeutet "dies" oder "das", der Urlaut Ar bedeutet "Greifvogel" oder "Adler". Zar bedeutet demnach "Dies (ist) (der) Aar" oder "Das ist der Adler". Dies ist dadurch zu erklären, daß der Adler das Wappentier des Zarenreiches war. Mit diesem Wappentier wurde der Herrscher identifiziert.

Der Urlaut Ul

Den Urlaut Ul entdeckte ich zuerst im Russischen und zwar bei dem schon erwähnten Wort "каникулы" (gesprochen: kanikuli oder eigentlich kanikulüi). *Kanikulüi* heißt auf deutsch "Ferien". Ich vermutete, daß *ul* in kanikulüi nicht nur zufällig derselbe Laut wie die Buchstabenkombination "ul" in dem Wort "Schule" ist, sondern es sich hierbei möglicherweise um das ursprüngliche Wort für Schule handelt. Das Wort Ul kennen wir im Deutschen nur noch aus dem mittelhochdeutschen Sprichwort "Was dem einen sin Uhl, ist dem anderen sin Nachtigal". Dort bedeutet Uhl "Eule". Man interpretiert den Spruch heute auf ganz allgemeine Weise, nämlich "Was dem einen sein Unglück ist, ist des anderen Glück" oder "Leben und leben lassen". Aber eigentlich gelten Eulen doch als weise Vögel oder sogar als Sinnbild der Weisheit. Nachtigallen gelten hingegen als die besten Sänger. Das Sprichwort muß deshalb so interpretiert werden: "Der eine liebt die Wissenschaft, der andere die Kunst". Da ul als erstes "alt" heißt, ist die zweite Bedeutung von ul "weise", aus der Lebenserfahrung der Alten herzuleiten. Daraus erklärt sich auch das Wort für Eule etymologisch. Weil ul alt und weise heißt, nannte man Eulenvögel als Sinnbilder der Weisheit "Uhlen". Früher lernte man von den Alten und Weisen. Man ging zu den "U(h)len", man ging bei ihnen in die "Schule". Ul ist das alte Wort für Schule. Kanikulüi können wir entschlüsseln, indem wir es zu einem sinnvollen Satz trennen. Wir sprechen es dazu langsam vor uns hin. Dabei verdoppeln wir das n und sprechen die Silben mit leichten Pausen dazwischen: "kan-nik-ul-i". Es heißt also eigentlich "Kann nich ul" oder auf neuhochdeutsch "Kann nicht zur Schule" und dies in der Mehrzahl, denn das End-i ist die russische Pluralbildung. Man kann also mehrere Tage nicht in die Schule, man hat Ferien. Das Wort kanikuli stammt aus einer sehr fernen Zeit Alteuropas, als man noch überall dieselbe Sprache sprach. Damals sagte man ul statt Schule. Wir können uns gar nicht vorstellen, daß es damals so etwas wie eine Schulpflicht gab. Und es gab damals schon ganz offiziell "Ferien", so wie heute.

Der Urlaut Is

Wenn *Ul* das alte Wort für "Schule" ist, was hat es dann mit den ersten drei Buchstaben des neuhochdeutschen *Schule*, dem Laut

27

"Sch" auf sich? Das *Sch* kam später hinzu, es wurde zu Ul hinzugefügt und bildete mit ihm zusammen einen Satz. Es mußte ursprünglich also zumindest so etwas wie ein Artikel gewesen sein oder es bildete als Teil eines Satzes das Prädikat. Ich versuchte herauszufinden, was der Laut sch bedeutet. Im Zusammenhang mit der vergleichenden Sprachwissenschaft, also dem Studium des Vorkommens in anderen Sprachen, entschloß ich mich schließlich zu dem Versuch, sch als "isch" zu lesen, denn Vokale dürfen bei etymologischen Untersuchungen beliebig eingefügt werden, so lange bis man einen sinnvollen Satz erhält. Mit *isch* erzielte ich sofort gute Ergebnisse. Isch ist schwäbisch und bedeutet auf neuhochdeutsch "ist". Man sagte also "ist Ul" oder genauer "isch Ul". Das i verlor sich zu dem Zeitpunkt, als man nicht mehr wußte, daß es sich ursprünglich um das Verb "sein" in der dritten Person Singular handelte. Warum aber bekam ul ein (i)sch vorangestellt? Das ist eine einfach zu beantwortende Frage. Vermutlich hat eine Person einer anderen Wörter erklärt oder eine Schule gezeigt und dabei den Satz gesprochen "(Das) ist (eine) Schule" oder altdeutsch "isch Ul". Das wurde dann so aufgeschrieben und daneben das entsprechende fremdsprachliche Wort für Schule oder es wurde zur Verdeutlichung daneben ein Schulgebäude gezeichnet.

Wir merken uns: Der Urlaut Is kommt im Russischen in der Form "isch" sehr häufig vor, nämlich in jedem Wort, das einen der Zischlaute ж, ш, щ enthält. Daneben jedoch gibt es diesen Urlaut in russischen Wörtern auch als "is" und wie im Neuhochdeutschen als "ist". Es gibt das Verb "есть" (gesprochen "jestj"), welches "es ist", "es gibt" und "es existiert" bedeutet. Hierbei handelt es sich entweder um den originalen Urlaut Is mit einer Zeitwortendung tj und dem Vokal e statt i oder es handelt sich um die moderne, neuhochdeutsche Form "ist".

Ein Beispiel für den Urlaut Is findet sich in dem russischen Wort "Nadjeschda", kyrillisch geschrieben "надежда". Nadjeschda ist ein russischer Mädchenname. Er kommt im Deutschen auch als Name in seiner abgekürzten Form "Nadja" vor und bedeutet "Hoffnung". Das Wort Nadjeschda ist im Russischen nicht nur ein Name, sondern auch allgemein das Wort für Hoffnung. Nadjeschda bzw. Hoffnung ist ein abstrakter Begriff (wie das zuvor behandelte Wort Kanikulüi = Ferien übrigens auch), also keine Sache oder Ding und nichts, was angefaßt werden kann. Abstrakte Begriffe entstehen aus einfachen Sätzen aus meist einsilbigen Wörtern. Wir trennen deshalb das mehrsilbige Wort Nadjeschda in seine Silben und erhalten den Satz "nad-jesch-da" oder altdeutsch/schwäbisch "net-isch-da". Auf neuhochdeutsch bedeutet dies "nicht ist da" oder "ist nicht da". Hier fehlt also etwas, was dringend gebraucht wird und was man sich ersehnt. Auf diese Weise wird der Begriff Hoffnung treffend umschrieben.

Der Urlaut Ra/Re

Wir untersuchen hier das Wort "радость", zu deutsch "Freude". Es wird in etwa "radâstj" ausgesprochen[2]. Langsam und mit deutlich gesprochenen und mit Pausen abgesetzten Silben hören wir den Satz "Ra dâ (i)st". "Der Sonnengott ist da" oder "Die Sonne ist da", ist die wahre Bedeutung des russischen Wortes für Freude. Wir sehen, wie der abstrakte Begriff Freude gebildet wurde: Durch einen Satz aus einsilbigen Wörtern, der den abstrakten Begriff, den man ausdrücken möchte, möglichst verständlich umschreibt. Dieser Satz wurde zu einer gewissen Zeit nicht mehr getrennt geschrieben und gesprochen, sondern als

---

[2] Das "Dächle" oder der Akzent Zirkumflex über dem a bedeutet in diesem Buch, der Laut wird nasaliert ausgesprochen wie im Französischen "en" und "an".

ein Wort, er wurde zum feststehenden Begriff. Damit hatte man - wie vorher bei dem Wort Nadjeschda - ein völlig neues Wort mit einem dahinter stehenden abstrakten Begriff erschaffen.

Als zweites untersuchen wir das russische Wort "утро". Es wird "utra" gesprochen und heißt auf deutsch "der Morgen". Wir trennen die Silben in "ut ra". *Ut* stammt aus dem Altnordischen und bedeutet "aus" oder auch "heraus". *Ra* ist die Sonne. "Die Sonne ist heraus" bedeutet also dieses russischen Wort. Der abstrakte Begriff "der Morgen" muß umschrieben werden, um verstanden zu werden. Man umschreibt ihn damit, daß man sagt, die Sonne ist aufgegangen.

Als Fazit kann man sagen, daß russische Wörter sich bei einer Silbentrennung im Wesentlichen auf altdeutsche einsilbige Wörter zurückführen lassen. Dies soll bei der weiteren Untersuchung russischer Wörter zugrundegelegt werden und ist in diesem Fall die zielführendste Methode.

Populäre russische Wörter

Wir untersuchen nun einige auch hierzulande, also in Mittel- und Westeuropa, bekannte Wörter etwas ausführlicher, damit der Leser sich mit meiner Interpretationsweise russischer Wörter vertraut machen kann.

Большой wird "bolschoi" gesprochen und heißt auf deutsch "groß". Das Wort ist in Mitteleuropa bekannt durch das Bolschoi-Theater, das "große Theater", wie das staatliche Theater Rußlands genannt wird. Im Deutschen bekannt ist auch das Wort "Bolschewisten", womit eigentlich die "Mehrheit" gemeint ist. Wir trennen die Silben in "Bol" und "sch" und erhalten "Boll isch" (sw), auf neuhochdeutsch "das ist ein großer Klumpen" oder, wenn wir v = b setzen, "voll isch", auf neuhochdeutsch "das ist voll" oder bei Austausch des Vokals o gegen i "viel isch", auf neuhochdeutsch "das ist viel". Diese drei Sätze sind Umschreibungen für das Wort groß.

Быстро, gesprochen "Büistro", ist in Mitteleuropa auch als Bistro (Kneipe, Bar, wo man eine Kleinigkeit essen kann) bekannt. Dieses Wort wurde der Überlieferung nach im Zusammenhang mit den Befreiungskriegen gegen Napoleon Anfang des 19. Jahrhunderts aus der russischen Sprache in die französische entlehnt. Als Zar Alexander I. im März 1814 mit seinen Truppen in Paris einzog, wollten die russischen Soldaten schnell etwas zu trinken und zu essen haben. Sie riefen "büistro, büistro". *Büistro* oder kyrillisch *быстро* heißt "schnell". Daraus wurde im Französischen das Wort "Bistro" für Bar, Kneipe. Wir trennen nun die Silben und erhalten "büis-tro" oder "bisch drâ". Schwaben sagen dies bei einem Karten- oder Brettspiel, wenn ein Spieler zu lange überlegt oder mit etwas ganz anderem beschäftigt ist und nicht daran denkt, sich seinen nächsten Zug zu überlegen. Der folgende Spieler weiß schon genau, was er machen wird, ist ganz gespannt, ob es klappt und will deshalb, daß das Spiel weitergeht. Wir hier in Schwaben sagen dann zu ihm: "(Du) bisch drâ" (sw), auf neuhochdeutsch "Du bist dran" und meinen "zieh endlich" oder "spiel schneller". Diese Redewendung kann an einem Spieleabend in Schwaben ziemlich oft ertönen. "Schnell" heißt im Russischen also eigentlich "(Du) bist dran". Wie ist dieser Satz zu einem einzigen Wort, zu einem feststehenden Begriff für "schnell" geworden? Es ist eine Situation denkbar, in der ein Fremder in einen Kreis von Leuten kam, deren Sprache er nicht beherrschte. Er beobachtete, welche Wörter sie bei welcher Tätigkeit gebrauchten und notierte diese. Als nun beim Brett- oder Kartenspiel stets das "(Du) bisch drâ" erklang, wenn der Mitspieler untätig herumsaß, schloß er die

31

Bedeutung aus dem Gesamtzusammenhang, dachte, es hieße "schnell" und schrieb das Wort auf. Möglicherweise verfaßte er auf diese Weise ein ganzes Wörterverzeichnis.

Работа, gesprochen "Rabota", heißt auf deutsch "Arbeit". *Rabota* ist im Russischen spätestens seit der Revolution von 1917 das Universalwort schlechthin, nicht nur wegen der Erhebung der Arbeiterklasse, sondern auch aufgrund der damit einhergehenden industriellen Revolution. *Rabota* heißt auch "funktionieren", "laufen" (einer Maschine) und anderes mehr. Das Wort Rabota ist sogar ins Deutsche übernommen worden als das Wort "Roboter" für einen Maschinenmenschen. In meinem Buch "Die Herkunft der Wörter" habe ich das Wort "Arbeit" behandelt. Ich verweise in diesem Zusammenhang auf das dort Geschriebene. Das russische Wort Rabota kann nicht wie die bisher behandelten Wörter durch Silbentrennung in einen Satz verwandelt werden. Wir müssen hier die Konsonanten allein lesen. Es heißt dann "R-b-t". Wir können uns nun vorstellen, wo und welche Vokale einzusetzen sind. Nämlich neuhochdeutsch "A-r-b-ei-t", ursprünglich "Erb-et" (sw).

Давай, gesprochen "dawai", bedeutet auf deutsch "auf geht's", "los", "voran". Das Wort ist in Deutschland im Zusammenhang mit der Invasion der Roten Armee in Ost- und Mitteldeutschland ziemlich bekannt geworden. Es heißt zum einen "gib", also in diesem Fall "gib schon raus, was Du hast". Und zum anderen heißt es "auf geht's", "los", "voran", hat also noch eine völlig andere Bedeutung. Die Deutschen verstanden es in etwa so, als würde es "schnell, schnell" heißen. Was bedeutet aber *dawai* wirklich? Wie ist es entstanden? Kann es in Silben getrennt zu einem Satz werden? Wir sprechen nun dawai nicht wie in den bisherigen Beispielen langsam vor uns hin und machen dabei auch nicht zwischen den Silben Pausen. Vielmehr sprechen wir es sehr schnell und oft hintereinander aus, als würden wir jemanden antreiben mit den Wörtern "los", "los", "los". Wir hören dabei sofort, was es heißt: Es heißt nicht "da-wai", sondern "wai-da" oder "weiter". Das End-r von "weiter" geht beim schnellen, wiederholtem Sprechen verloren. *Dawai* bedeutet "weiter". Mit dem Wort "weiter" bringt man im Deutschen zum Ausdruck, daß man weiter gehen will oder jemand weiter gehen soll im Sinne von los, auf geht's, voran.

Russische Wörter in Sätze getrennt

Хозяйство, gesprochen "chasjaistwo", bedeutet auf deutsch "Wirtschaft" und zwar nicht im Sinne von "Gasthaus", sondern im Sinne von "Land-", "Volks-" oder "Betriebswirtschaft". Wie kommt ein abstrakter Begriff wie Wirtschaft zustande? Wir trennen die Silben und erhalten "chas-ja-ist-wo". Statt Ch setzen wir H, statt a setzen wir au, ja streichen wir. Nun erkennen wir die Frage "Haus ist wo?" Wo ein Haus ist, wird gearbeitet bzw. gewirtschaftet. Dieses "Haus-ist-wo" wird aus einem Satz zu einen festen Begriff, zum Wort für "Wirtschaft" bzw. "Gasthaus", was es ursprünglich bedeutet haben mag. Das Besondere ist, obwohl hier vermutlich einmal Reisende nach einer Unterkunft (Gasthaus, russ: gastiniza) gefragt haben und das Wort so entstanden sein dürfte, bedeutet das Wort heute im Russischen Land/Volks/Betriebswirtschaft und nicht Gasthaus.

Es folgen nun die untersuchten russischen Wörter der Übersichtlichkeit in einem alphabetischen Wörterverzeichnis.

Kapitel 4

♦

Alphabetisches Wörterverzeichnis

Folgende Anmerkungen schicke ich diesem Wörterverzeichnis voraus:

Dieses alphabetische Wörterverzeichnis beginnt seine Einträge mit dem zu erklärenden russischen Wort, fett und in kyrillischer Schrift geschrieben. In Klammern folgt dann die Aussprache und nach dem Bindestrich die deutsche Bedeutung. Die Aussprache wird so geschrieben, wie man das Wort auf deutsch schreiben würde, wenn man es hörte. Wie bei den bisherigen Kapiteln, wird auch hier die russische Lautumschrift nicht benutzt, da sie vom Laien nicht lesbar und für die Entschlüsselung des Wortes kontraproduktiv ist.

In jedem Fall wird einzeln erläutert, auf welche Art und Weise man zur Erklärung dieses Wortes gelangt (siehe unter Methoden der Etymologie im Russischen).

Grammatische Endungen, die außer der Kenntlichmachung der grammatischen Kategorie keine Bedeutung haben, fallen bei der etymologischen Auslegung weg.

Soweit Anlaß besteht, wird auch etwas dazu gesagt, was für eine Information die etymologische Erklärung zur früheren Kultur und zur Geschichte vermittelt und wie diese zu interpretieren ist.

Ein Hinweis auf gleiche Wörter oder ähnliche Bedeutungen in anderen Sprachen (siehe auch vergleichende Sprachwissenschaft) erfolgt im gegebenen Fall.

Auf abstrakte Begriffe und ihre Entstehungsgeschichte wird ausführlich eingegangen.

Ich habe alle folgenden russischen Wörter mit Betonungszeichen (Akzent) versehen. Russische mehrsilbige Wörter werden nämlich stets auf nur einer Silbe betont. Regeln gibt es hierfür nicht; dies bedeutet, daß es bei jedem Wort anders ist und die Betonung mit der Vokabel vom Russischschüler mitgelernt werden muß. In Russischlehrbüchern gibt es deshalb Betonungszeichen auf den Vokalen. Wichtig zu wissen ist, daß ein unbetontes o in etwa wie ein kurzes a gesprochen wird. Dies hat beim folgenden Wörterverzeichnis die Auswirkung, daß sich die kyrillische Schreibweise und meine Lautumschrift - was die Vokale betrifft - manchmal unterscheiden. Unbetonte Vokale werden kurz gesprochen und klingen dann anders als der reine, betonte Vokal. Diese Nuancierungen bei den Vokalen sind für die Wortentschlüsselung von großer Bedeutung, da sie uns Hinweise darauf geben, wie der Satz, aus dem das mehrsilbige Wort entstanden ist, ursprünglich gelautet hat. Dieser Satz wurde im Allgemeinen auf dem Hauptwort, als dem wichtigsten Wort im Satz, betont, oder auch anders, je nachdem, was der Sprecher damit sagen wollte und wie er den Schwerpunkt legte.

Wörterverzeichnis

берёза (Bjerjosa - Birke): Wir streichen die Vokale und erhalten dadurch "B-r-s". Die Bedeutung dieser Buchstaben finden wir im ersten Kapitel des Buches. Die abstrakte Bedeutung des Buchstabens B ist "Brüste der Erdmutter". Die abstrakte Bedeutung des R ist "regelmäßige Wiederholung". BR bedeutet also sinngemäß "Die Brüste der Erdmutter ergießen ihre Fülle stetig." Diese Aussage bezieht sich auf den Saft, der im Frühjahr durch Anritzen der Rinde einer Birke oder Kappung eines Birkenastes gewonnen wird. Man stellt ein Gefäß darunter, das sich etwa zwei Wochen lang immer wieder füllt. Bei diesem leicht süßlichen Getränk, das auch vergoren werden kann, dürfte es sich um das erste Bier gehandelt haben. BR bedeutet als konkreter Begriff demnach so etwas wie "Bier". Wir machen mit dem letzten Konsonanten des Wortes берёза, dem s weiter, fügen vor s ein i ein und erhalten dadurch den Urlaut is (ist, sein). Das Wort берёза bedeutet demnach "ist etwas, das sich stetig ergießt" oder auch "Bier is(t)". Die Bedeutung kann auch einfacher als durch die Buchstabenentschlüsselung durch bloßes Einfügen anderer Vokale in das russische Wort hergeleitet werden. Man erhält deutsch: "Bier is(t)".

большо́й (balschoi - groß): Wir trennen *balschoi* in "Bol (i)sch". Die Adjektivendung "oi" lassen wir weg. Es heißt also "(a) Boll isch" oder auch "voll isch" oder "viel isch". *"A Boll isch"* ist schwäbisch/altdeutsch und bedeutet auf neuhochdeutsch "ist ein großer Klumpen", *"voll isch"* heißt "voll ist", *"viel isch"* heißt "viel ist". Mit diesen drei Sätzen, "ist ein großer Klumpen", "ist voll" und "ist viel" ist der abstrakte Begriff "groß" sehr gut umschrieben.

бу́ква (Bukwa - Buchstabe): *Bukwa* trennen wir in "Buk wa". Das Wort hängt mit "Buch" oder "Buche" zusammen. Die zweite Silbe "wa″ bedeutet "heilig". Buchstaben sind heilige Zeichen.

был (büil - war): Wir ändern b in w, l in r und üi in a. Dadurch erhalten wir "war".

быстро (büistra - schnell): Wir trennen in "bist dra(n)". Wenn man bei einem Karten- oder Brettspiel möchte, daß einer der Spieler endlich seine Karte ablegt oder einen Zug macht, sagt man "(Du) bist dran". Dies bedeutet "mach endlich!" oder "spiel schneller!".

быть (büit - sein): B wird hier w. Es heißt also "w-t" oder "w-d", also "wird". Das Zungen-R vor dem T oder D ist verloren gegangen. Bei *wird* bzw. *werden* handelt es sich um die Zukunftsform des Verbs "sein". Eine Gegenwartsform für "sein" gibt es im Russischen nicht.

в (w - in, um): B wird hier F. Es hieße demnach eigentlich "auf". Möglicherweise hat hier eine Verwechslung oder ein Austausch der Präposition stattgefunden.

ва́жный (waschnüi - wichtig, bedeutsam): Wir trennen *waschnüi* in "was (i)sch nui". Dieser Satz ist ein schwäbischer Satz und bedeutet auf neuhochdeutsch "Was ist neu?" bzw. "Gibt's was Neues?". Eine Neuigkeit ist wichtig oder bedeutsam. Eine andere Deutung ergibt sich, wenn man die Vokale neu einordnet. Man erhält dann "Woisch no". "*Woisch no″* ist schwäbisch und heißt auf neuhochdeutsch "Weißt Du noch?". Die beiden Sätze "Was ist neu?" und "Weißt Du noch?" umschreiben perfekt den Sinn von "wichtig /bedeutsam". Entweder geht es um eine Neuigkeit oder Nachricht, sinngemäß "Gibt's was Neues?"

oder um etwas, was man nicht vergessen soll, weil es wichtig oder bedeutsam ist.

вéра (Wera - Glaube): Wir streichen die Vokale und fügen a neu ein. So erhalten wir "war" oder "wahr". Glauben bedeutet demnach "für wahr halten" oder "wissen, daß etwas wahr ist" oder "wissen, daß etwas war (geschehen ist)."

вéчер (wjetschr - Abend): Wir setzten statt w ein b und erhalten "bjetschr". Dies trennen wir, bis wir einen sinnvollen Satz erhalten, der den Begriff erhellt: "Bet-sch-r" oder "Bett (i)sch (e)r". Dies ist ein schwäbisch/altdeutscher Satz. Auf neuhochdeutsch bedeutet er "Im Bett ist er". Abends geht man schlafen. Siehe auch die Bedeutungserklärung für das deutsche Wort "Abend".[3]

власть (wlastj - Machthaber, Macht, Gewalt): Wir streichen den Vokal, ordnen neue ein und erhalten "Wille ist". Eine andere Deutung erhalten wir, wenn wir statt w ein F setzen und statt l ein r. Wir ordnen neue Vokale ein zu "Fürst".

внимáтельно (wnimatjelna - aufmerksam): Wir setzen statt w ein f, setzen die Vokale neu und erhalten "aufnehma" (sw), auf neuhochdeutsch "aufnehmen". Die Endung des Wortes "no" ist grammatikalisch bedingt und fällt weg. "Tjel" könnte d(es) all" heißen, also "alles aufnehmen" Wer aufmerksam ist, nimmt alle Sinneseindrücke auf.

вничью (wnitschju - unentschieden): Wir trennen das Wort in "wn-it-sch" oder "(Ge)winn et isch" (sw), auf neuhochdeutsch "ein Gewinn(er) nicht ist".

---

[3] Seite 74 "Die Herkunft der Wörter": *Abend* , schwäbisch "Aubed" , bedeutet "zu Bett".

внук (wnuk - Enkel): Wir streichen das u und machen aus w ein b. Dadurch erhalten wir "bnk" oder " bin ich". Früher glaubte man in Europa an die Wiedergeburt innerhalb der Familie. Demnach war der Enkel der wiedergeborene Großvater. Aus seiner Sicht war der Enkel also "bin ich". Vergleiche das deutsche Wort "Enkel".[4] Siehe auch bei "ребёнок".

возвращать (waswraschtschajt - zurückgeben, ersetzen): Wie der Zischlaut "schtsch" zu werten ist, ist ungeklärt. Wenn es sich ursprünglich um "ch" handelte, würde bei Ersetzung des zweiten w durch b aus "waswraschtschat" folgender Satz entstehen: "was brâcht" (sw), auf neuhochdeutsch "was gebracht". Jemand hat (et)was gebracht bzw. zurückgegeben.

война (Waina - Krieg): Das Wort "Weina" ist schwäbisch und bedeutet auf neuhochdeutsch "weinen". Im Russischen ist Krieg also "ein Weinen".

волнение (walnjenije - Aufregung, Unruhe, Seegang): Wir streichen die Vokale und erhalten "Will nie". Wenn jemand etwas nicht will, was ihm aufgezwungen wird, gibt es Aufregung oder Unruhe. Eine andere Deutung ergibt sich mit Einfügung zweier e: "Wellen".

волноваться (walnowajtsja - sich aufregen): Wir streichen die Vokale, ordnen neue ein und erhalten "will no wat" (altd), auf neuhochdeutsch "will noch was".

волос (Wolas - Haar): Wir setzen statt a ein i, dadurch erhalten wir den Satz "Woll(e) is".

---

[4] Seite 80 "Die Herkunft der Wörter: *Enkel* bedeutet "ich bin der kleine Ahn" bzw. "Ich bin der wiedergeborene Großvater".

вóля (Wolja - Wille): Wir ordnen die Vokale neu ein und erhalten "Wille".

вопрóс (wopros - Frage): Wir setzen hier statt p ein f und erhalten dadurch "wofros". Es empfiehlt sich, *wofros* langsam und aufmerksam vor sich hin zu sprechen und auf den Klang der einzelnen Silben zu lauschen. Dabei hören wir ein stark verkürztes i vor dem s. "Wo fro is" oder "wo Frau is?". Wer etwas nicht weiß, nicht findet oder nicht machen will, geht zu seiner Frau und fragt sie, was zu tun ist oder ob sie es macht. Siehe auch die Bedeutungserklärung für das deutsche Wort "fragen".[5]

ворóна (Warona - Krähe): Die Vokale werden neu eingeordnet. Dadurch erhält man "warna" (sw), auf neuhochdeutsch "warnen". In Rußland gelten Krähen demnach durch ihren lauten, unheimlichen Ruf als "Warner".

вторжéние (wtorschenie - [feindlicher] Einfall, Invasion): Wir trennen in "w-Tor-(i)sch-in". Die russische Präposition "w" bedeutet "in". Es heißt also "im Tor ist in". Der Feind hat das Tor gestürmt und drängt herein.

вчерá (wtschera - gestern): Wir streichen die Vokale und erhalten "wtschr". Es sind dies dieselben Konsonanten wie unter dem Eintrag "вечер" (Abend). Meiner Meinung nach handelte es sich bei *вечер* und *вчера* ursprünglich um dasselbe Wort. Man meinte also mit "gestern" den Vorabend oder die Zeit, die vor dem Einschlafen am Vorabend lag.

---

[5] Seite 117 "Die Herkunft der Wörter": *Fragen,* auf altdeutsch "Frau ga", bedeutet "zur Frau gehen".

выбира́ть (wüibiratj - aussuchen, auswählen): "*wüi*" ist eine russische Vorsilbe und bedeutet "aus". Wir setzen statt dem folgenden b ein w, statt dem r ein l und erhalten "auswila" oder "auswähla" (sw) , auf neuhochdeutsch "auswählen".

выдава́ть (wüidawat - ausleihen, aushändigen): Es bedeutet "wui-da-wat" (altd), auf neuhochdeutsch "will da was".

го́лод (Golad - Hunger): Wir streichen die Vokale und ordnen neue ein. Dadurch erhalten wir "kalt". (G wird hier zu K und d zu t.) Hier hat es offenbar ein Mißverständnis beim Dolmetschen gegeben. Jemand glaubte, die Menschen hätten Hunger, dabei war ihnen kalt.

го́лос (Golas - Stimme): Wir setzen statt G ein H, ändern die Vokale und erhalten "Hals". Die Stimmbänder befinden sich im Hals.

гора́ (gera - Berg): Das r wird hier zu l, also "gel(a)". Der vordere Teil des Wortes "Hü" ist verloren gegangen, da die Russen kein H sprechen. Wir setzen also ein "Hü" ein und erhalten "Hügel".

гора́здо (garasda - viel, weit): Die Vokale müssen neu eingeordnet werden. Man erhält "groß da " oder "größte".

го́род (Gorod - Stadt): Wir ordnen die Vokale neu ein und erhalten "Gard" oder "Garten". Siehe auch englisch "town" für Stadt, eigentlich "Zaun". Eine andere Deutung ist "gerod(et), demnach ein Stück Land, das gerodet wurde, um eine Siedlung anzulegen.

граждани́н (Graschdanin - Bürger): Wir streichen die Vokale und erhalten "Gr-schd" oder "Gr-schd-d". Wir setzen nun neue

41

Vokale und erhalten "Gerüsteter/Bewaffneter". Es ist nicht jeder ein Bürger, sondern nur, wer seine Rechte gegenüber der Obrigkeit auch durchsetzen kann, notfalls mit Waffen. Kann er das nicht, ist er kein Bürger, sondern Untertan oder Leibeigener. Eine andere Deutung ist "Christ".

гром (Grom - Donner, Getöse): Dieses Wort ist lautmalerisch. Im Schwäbischen ist es auch vorhanden, nämlich "grummeln", auf neuhochdeutsch "leichtes Donnern".

гро́мкий (gromki - laut): siehe vorheriges Wort.

да (da - ja): Das altdeutsche Wort "ja" ist im Russischen schon belegt, *ja* bedeutet im Russischen "ich". Deshalb nahm man "da" in derselben Wortbedeutung wie im Deutschen für "ja". Man bestätigt etwas also nicht durch "Bejahung", sondern indem man bestätigt, daß etwas da (vorhanden) ist.

дава́й (dawai - gib, laßt uns, los, los, schnell, wohlan): Bei *давай* handelt es sich um die Befehlsform des Verbs "geben". Zur Worterklärung des Verbs geben siehe dort. Die weitere Bedeutung "schnell", "auf geht's" kann auf folgende Weise hergeleitet werden: Wir sprechen "dawai" mehrmals schnell hintereinander "dawaidaweidaweidawei". Beim Sprechen erkennen wir, daß es in Wirklichkeit "weida", "weida" bzw. "weiter" heißt. Das R ist verloren gegangen. Mit "weiter, weiter" treibt man jemand an.

дава́ть/дать (dawatj/datj - geben): Wir trennen in "da wat" (altd), auf neuhochdeutsch "da (hast Du) was". Beim vollendeten Aspekt "datj" streichen wir die Verbendung "tj" und erhalten "da". *Da* sagt man im Schwäbischen, wenn man jemandem etwas geben will. Wenn man den Gegenstand einer Person ohne Worte nur hin hält, weiß diese nicht, ob sie ihn nehmen darf: Da (hast Du es).

да́же (dasche - sogar): Die Vokale sind neu einzuordnen. Wir erhalten "da scho" (sw), auf neuhochdeutsch " da schon" oder "da tatsächlich".

двор (dwor - Hof): Wir machen aus w ein v und fügen ein a ein: "davor". Der Hof ist davor (vor dem Haus).

действи́тельно (djeistwitjena - wirklich, tatsächlich): Wir trennen in "Dei ist wit (weit)". Es bedeutet also "Gott ist weit/überall". Siehe hierzu auch die Bedeutungserklärung von "real" (wirklich).[6]

де́ло (Djela - Sache): Die Vokale müssen gestrichen werden. Man erhält "D-l", mit neuen Vokalen "Teil" oder englisch "deal".

де́ньги (Djengi - Geld): Wir streichen die Vokale und setzen neue ein zu "Ding". Offiziell ist *Djengi* ein Lehnwort aus dem Mongolischen, das zur Tatarenzeit übernommen wurde. Damals waren aufgrund der noch wenig entwickelten Volkswirtschaft nur die wenigsten Menschen im Besitz von Geld. Als Tribute an die Mongolen mußten Sachen bzw. "Dinge" abgegeben werden.[7]

дере́вня (Djerjewnja - Dorf): Wir streichen die Vokale und erhalten "Drwn" oder "Drfn", mit neuem Vokal erhalten wir "Dorf(n)". Die Substantivendung "nja" fällt weg.

---

[6] Seite 95 "Die Herkunft der Wörter": *Real* wird getrennt in "Re all". Alles ist Sonne/Gott" bzw. "Sonne/Gott ist überall".

[7] Seite 226 "Geschichte Rußlands - vom Mittelalter bis zur Oktoberrevolution": Aus dem Tatarischen stammen die Begriffe für Geld (*den'ga/den'gi*).

де́рево (Djerewo - Baum): Wir streichen die Vokale und setzen neue ein zu "Dorw" bzw. "Dorf" oder auch "Dorf wo". Es heißt dann "ein Dorf" oder "wo ein Dorf ist". Ein Dorf ist von Obst- und Nußbäumen umgeben. Diese sieht man aus der Ferne zuerst.

де́ти (Djeti - Kinder): Wir ändern die Vokale und erhalten "Diot(i)". *Diot* ist dasselbe wie "Dio", "Dios", "Teut" bzw. "Dei" und bedeutet "Gott". Kinder sind göttlichen Ursprungs. Siehe auch die Bedeutungserklärung bei "ребёнок" und bei dem deutschen Substantiv "Kind".[8]

деше́вле (djeschewlje - billiger/günstiger): Die Steigerungsform des nachstehenden Adjektivs weist eine Besonderheit zu den Komparativen anderer russischer Adjektive auf. Sie enthält ein l. Hierbei dürfte es sich um das l handeln, das bei der Ausgangsform des Adjektivs "дешёвый" verloren gegangen ist. Es heißt "des scho will i", auf neuhochdeutsch "Das will ich schon". Siehe auch den nächsten Eintrag.

дешёвый (djeschowüi - billig/günstig): Wir trennen das mehrsilbige Wort bis wir einen Satz erhalten, der den Begriff erhält: "des scho wi(ll)". Dieser Satz ist schwäbisch und heißt auf neuhochdeutsch "Dies will ich schon, (das andere hingegen nicht)."

до́брый (dobrüi - gut): Bei Trennung des Wortes in Silben erhalten wir "do brüi" oder "da brüi". Wir streichen die Adjektivendung "üi", erhalten dadurch "da br" und stehen nun vor dem Problem, keinen sinnvollen Satz zu haben. Wir müssen die Erklärung dieses Wortes von den Buchstaben direkt herleiten.

---

[8] Seite 88 "Die Herkunft der Wörter": *Kind* bedeutet "die Sonne". Der Buchstabe K ist hier in Wirklichkeit ein Z/C. Das D wurde ursprünglich als Artikel angehängt.

Der Buchstabe B bedeutet die Brüste der Erdmutter, R bedeutet stete Wiederholung. Das Wort "do" bedeutet "da". *Dobr(üi)* würde demnach heißen: "Da wo die Brüste der Erdmutter stetig ihre Nahrung vergießen." Eine treffende Umschreibung des abstrakten Begriffes "gut". Siehe auch die Bedeutungserklärungen der deutschen Wörter "Bier" und "Brot".[9]

дово́льный (dawolnüi - zufrieden): Die Adjektivendung "nüi" fällt weg. Wir erhalten "Da (ist) wohl" oder "Da fühle ich mich wohl".

дога́дываться/догада́ться (dagadüiwatjsja/dagadatsja - erraten/erahnen): Wir streichen die Reflexivendung "sja" und die Verbendung "wat". Dann trennen wir in "da-gat-düi" oder "Dâ gaht dui" (sw). Auf neuhochdeutsch bedeutet dies "Da geht die...". Man sieht jemanden in der Ferne und rät, wer es ist.

дом (Doam - Haus): Wir setzen zwischen die beiden Vokale "oa" ein h und erhalten "doham" oder "dahoam". Dies ist bayrisch/altdeutsch und bedeutet auf neuhochdeutsch "daheim". Zu beachten ist hier, daß es im Russischen kein h gibt. Deshalb steht bei dem russischen Wort auch keines da.

доставать/доста́ть (dostawatj/dostatj - sich verschaffen/be-kommen): Wir trennen in "do s(ch)ta(t) wat" oder "Do s(ch)tat" (altd/sw), auf neuhochdeutsch "da steht was" oder "da steht". Es bedeutet also "Das steht was, nimm es Dir."

достига́ть (dastigatj - erreichen, erlangen): Wir streichen die Verbendung "tj", trennen das mehrsilbige Verb in "das-st-ga"

---

[9] Seiten 77/78 "Die Herkunft der Wörter": *Bier* und *Brot* gehören zu selben Wortfamilie. Gemeint ist ein fortgesetztes Nähren.

oder "das ist gau" (altd), auf neuhochdeutsch "das ist gegangen" im Sinne von "das hat geklappt" oder "das hat funktioniert".

достижéние (Dastischenie - Leistung, Erfolg): Wir trennen in "Das-st-schen(ie)" oder "Das ist schön". Mit diesem Satz umschreibt man den abstrakten Begriff "Leistung" bzw. "Erfolg". Den Satz "Das ist schön" verwendet man heute im Deutschen noch genauso, wenn man sich über eine Leistung anerkennend äußern will.

дохóд (Dachot - Einnahme/Einkommen): Wir trennen in "Da chot" oder bayerisch "Dea hot". Auf neuhochdeutsch bedeutet dies "der(jenige) hat..." oder "der besitzt...". Es heißt also zum Beispiel "Der(jenige) hat 2000 Euro im Monat (Einkommen)". Das h von "hat" wird zu ch, da die Russen in ihrem Alphabet kein h haben.

дочь (Dotsch - Tochter): Wir trennen in "Dote isch" (sw). *Dote* ist schwäbisch und bedeutet im Neuhochdeutschen so etwas wie "Patin". Hier bei diesem Wort bedeutet es ganz allgemein eine weibliche Verwandte. Dote kommt wie andere verwandte Wörter auch von "Deu(t)".

есть (jestj - essen): Die Verbendung tj fällt weg. Wir erhalten "jes" oder hart gesprochen "es", mit zusätzlichem Vokal a "essa" (sw), auf neuhochdeutsch "essen".

есть (jestj - es gibt, es ist, es existiert): Der Vokal e wird zu i. Wir erhalten "ist". Wenn wir die Verbendung "tj" streichen und e wiederum in i tauschen, erhalten wir den Urlaut "Is".

ждать (schdat - warten): *Schdat* ist schwäbisch und bedeutet "(er) steht". Jemand, der steht, wartet im Allgemeinen auf etwas.

жена́ (Schena - Ehefrau): *Schena* ist schwäbisch und bedeutet auf neuhochdeutsch "(die) Schöne" oder "(meine) Schöne".

же́нщина (Schenschina - Frau): Es bedeutet entweder "schöne Schöne" oder "Schöne isch (h)inna" oder nur "schön isch".

жизнь (Schisnj - Leben): Wir trennen in "(i)sch is nj". *Isch* bedeutet "ist" und *Is* (der Urlaut Is) bedeutet" Sein ". Es heißt also "ist Sein". Leben ist Sein. Die Endung "nj" ist grammatikalisch bedingt.

забо́та (Sabota - Sorge): Wir streichen die Vokale, tauschen b in w aus und erhalten "s-w-t", mit neuen Vokalen "so wat" (altd), neuhochdeutsch "so was?"

за́втракать (saftrakatj - frühstücken): Wir streichen die grammatische Verbendung "tj", trennen das Wort in Silben und erhalten "s-af-traka" oder "is auftraga" (altd), auf neuhochdeutsch "es ist aufgetragen" oder "es ist serviert" oder "das Essen steht auf dem Tisch".

за́головок (Sagalowak - Überschrift): Wir setzen statt w ein b, streichen die Endung "ak" und erhalten "Sag a Lob". Dies ist schwäbisch, auf neuhochdeutsch heißt es "Sag' ein Lob". Eine Überschrift muß zum Lesen animieren, also loben.

зада́ча (Sadatscha - Aufgabe, Exempel, Thema): Wir streichen die Vokale zu "s-d-tsch". Dann fügen wir neue Vokale ein und erhalten "so dâ des isch". Dies ist schwäbisch und heißt auf neuhochdeutsch "so, da, dies ist ..." Mit diesem Satz weist man auf etwas hin (Exempel), zeigt etwas, was gemacht (Aufgabe) oder erörtert (Thema) werden soll.

закáзыввать (sakasüiwat - bestellen): Wir trennen in "saga sie wat" oder "sagen sie, was". Es bedeutet demnach "Sagen Sie, was Sie möchten, dann bringe ich es".

занимáть (sanimatj - einnehmen): Wir streichen die Vokale und die Verbendung "tj". Dadurch erhalten wir "snm" oder "es nehma"(sw), auf neuhochdeutsch "es nehmen".

заполнять (sapolnjatj - ausfüllen): Wir streichen die Verbendung "jatj" sowie die Vokale. Dadurch erhalten wir "s-p-l-n". Nun machen wir aus p ein f und füllen neue Vokale ein zu "ausfüllen". Das russische Verb geht hier anscheinend auf ein neuhochdeutsches Verb zurück.

здесь (sdjesj - hier): Wir setzen andere Vokale und trennen in "(i)s-da" oder "es-da-is".

земля (Semlja - Erde, Land, Grund und Boden): Wir setzten statt l ein r und erhalten "Sem-mr-ja". Dies ist schwäbisch und bedeutet "sind wir ja" oder "sind ja wir." Die russischen Leibeigenen gehörten zum von ihnen zu bearbeitenden Grund und Boden dazu bzw. mit ihm zusammen dem Grundherrn.

знакóмый (Snakomüi - bekannt, Bekannter): Wir trennen in "(O)s nah komm", auf neuhochdeutsch "uns nah komm". Die Adjektivendung "üi" fällt weg. Es bedeutet also jemand, der uns nahe kommt.

знамеиитый (snamjenitüi - berühmt): Wir streichen die Adjektivendung "tüi". Es verbleibt "snamjeni" oder "is-namen". Dies bedeutet, jemand hat einen Namen bzw. sich einen Namen gemacht.

знать (snatj - kennen/wissen): Wir setzen ein o oder i voran und trennen die Verbendung "tj" ab: "os-na(h)" bzw. "is-na(h)". Dies ist schwäbisch und bedeutet auf neuhochdeutsch "uns nahe" bzw. "ist nahe".

извέстие (iswjestie - Nachricht): Wir trennen die Silben bis wir einen sinnvollen Satz erhalten: "is (g)west" oder "ist gewesen". Was gewesen ist, wollen wir wissen.

издάние (isdanije - Erscheinen, Herausgabe, Ausgabe): Die Substantivendung "nije" streichen wir und erhalten "is da" oder "ist da".

имέть (imjetj - haben, besitzen): Die Vokale werden gestrichen. Man erhält "mt". Wir setzen neue ein und erhalten "mit". Man sagt im Russischen nicht "Ich habe ein Auto" oder "Ich habe ein Haus". Man sagt "bei mir ist ein Auto, ein Haus". Es ist deshalb einleuchtend, daß "gehören" oder "besitzen" "mit" heißt. Ein Gegenstand ist mit jemand, mit einer Person.

иногда́ (inagda - manchmal): Wir streichen ein a und trennen in "i-ng-da" oder " i (und) nicht da". Es bedeutet also "da und nicht da" (für manchmal).

искά́ть (iskatj - suchen): Wir streichen die Vokale und die Verbendung "tj". Dadurch erhalten wir "s-k", mit neuen Vokalen "suacha" (sw), auf neuhochdeutsch "suchen".

искύ́сство (iskustwa - Kunst): Wir trennen in "is-ku-st-wo". Die Substantivendung "wo" wird gestrichen, aus u wird a: "is ka (i)st". Wir haben die beiden Urlaute "is" und "ka" sowie am Ende das neuhochdeutsche "ist". "Ist Können" bedeutet demnach das russische Wort für Kunst. Kunst kommt von Können.

как (kak - wie): Wir tauschen das a gegen ein u aus und erhalten "kuck" oder "guck". *Gucken* bedeutet "etwas ansehen", "betrachten". *Guck* ist der Imperativ dieses Verbs. Anstatt also einen Vergleich oder eine Verfahrensweise, auf den das "wie" sich bezieht, sprachlich zu formulieren, zeigte man am Gegenstand, wie es auszusehen hat oder zu verfahren ist: Guck oder schau her, ich zeige es Dir.

каникулы (Kanikulüi - Ferien): Wir trennen das mehrsilbige Wort bis wir einen sinnvollen Satz erhalten, der den Begriff erhellt: "Kann nik ul" oder "Kann nich(t) (Sch)ul". *Ul* ist altdeutsch für "Schule". Es ist also ein Tag gemeint, an dem die Schule geschlossen ist. Das i bzw. üi am Schluß des Wortes zeigt die Mehrzahl an, mehrere Tage ist die Schule zu, es sind Ferien.

книга (kniga - Buch): *kniga* ist schwäbisch und heißt auf neuhochdeutsch "knicken". Man meint also geknicktes oder gefaltetes Papier für "Buch".

когда́ (kagda - als, wann): Wir setzen statt des ersten a ein u, trennen das Wort in Silben und erhalten "Kuck da" oder "guck da". Gemeint ist ein bestimmter Zeitmoment, als etwas geschah.

когда́-нибудь (kagda-nibud - irgendwann): Wir machen aus b in *nibud* ein w und trennen in einen Satz. Es bedeutet wörtlich "wann nie wird", also der Zeitpunkt, an dem etwas eintreten wird, kann nicht bestimmt oder überschaut werden.

ко́локол (Kolakal - Glocke): Wir streichen die Vokale und setzen neue ein zu "Glöckle" (sw), auf neuhochdeutsch "Glöcklein".

ко́мната (Komnata - Zimmer): Wir trennen die Silben bis wir einen sinnvollen Satz erhalten, der den Begriff erhält: "Komm nedda". Dies ist schwäbisch und bedeutet auf neuhochdeutsch "komm nicht". Ein Zimmer ist ein Ort, den jemand für sich allein hat und wo er ungestört ist. Siehe auch das deutsche Wort "Kemenate" für Frauengemach im Mittelalter. Dieses Gemach war für Männer verboten.

коро́бка (Karobka - Schachtel): Wir streichen die Vokale und setzen neue ein: "Korbke" oder "Körbche(n)". Als Flechtmaterial für Körbe und andere Behälter nahm man in Rußland vorzugsweise Birkenrinde. Diese wird wie Papier oder Pappe verwendet, ist aber robuster. Korb und Schachtel entsprachen sich deshalb von der Verarbeitung und dem Material her.

коро́ткий (karotki - kurz): Wir streichen zunächst die grammatisch bedingte Adjektivendung "ki". Dann streichen wir die Vokale und erhalten "krt". Wir setzen ein u ein: "kurt(s)". oder "kurz".

кру́пный (krupnüi - grob, stark, groß [Wuchs]): Die Adjektivendung "nüi" ist zu streichen. Wir setzen statt u ein o, statt k ein g und statt p ein b und erhalten "grob".

ку́ртка (Kurtka - Jacke): Statt t setzen wir hier ein z und erhalten "kurz". Ein kurzes Kleidungstück im Gegensatz zu Mantel ist gemeint.

купи́ть (kupitj - kaufen): Wir streichen die grammatisch bedingte Endung "itj", fügen ein a vor das u ein und tauschen das p für ein f aus: "kauf(en)".

лёгкий (ljochki - leicht): Wir streichen die Adjektivendung "ki" und machen aus "jo" ein "ei". Es heißt also "leich(t)".

лишный (lischnüi - überflüssig, zuviel): Die Adjektivendung "nüi" streichen wir, aus i machen wir e. Dadurch erhalten wir "lesch" (sw). Auf neuhochdeutsch heißt *lesch* "laß es". "(Des) lesch" sagt man in Schwaben heute noch, wenn etwas reicht und weiteres zu viel ist.

любóвь (Ljubow - Liebe): Wir streichen die Vokale, setzen b statt w und fügen ein ie und am Schluß ein e ein: "Lieb(b)e".

люди (Liudi - Leute): Setzt man "ei" oder "eu" statt dem iu, erhält man "Leid" (sw) oder neuhochdeutsch "Leute".

мáсло (Maslo - Butter): Wir tauschen die Vokale aus und erhalten "Müsle" (sw), auf neuhochdeutsch "Müslein".

мимо (mima - vorbei, vorüber): Die Vokale sind zu streichen und neue einzuordnen. Man erhält "am".

министéрство (Ministjerstwo - Ministerium): Wir trennen dieses Wort in "Minister-(i)st-wo" oder "Wo (der) Minister ist". Der Minister residiert im Ministerium.

мир (Mir - Welt, Friede): *Mir* ist schwäbisch und bedeutet auf neuhochdeutsch "wir". Wir alle, das ist die Welt. Wo wir unter uns sind (Familie, Verwandte, Freunde), ist Friede.

мнóго (mnoga - viel): Die Vokale werden gestrichen und neue eingesetzt zu "Menge".

могу (magu - ich kann): Wir streichen die grammatische Verbendung "u" und erhalten "mag". Auf schwäbisch gibt es die Form "i mâg", auf neuhochdeutsch "ich mag". *Können* und *(ver)mögen* wurde früher synonym gebraucht: Ich vermag es bzw. ich kann es.

молокó (Malako - Milch): Hier müssen alle Vokale gestrichen werden. Man erhält "Mlk" oder mit neuem Vokal "milk" oder "Milch".

мост (Most - Brücke): Wir tauschen das o gegen ein a und erhalten "Mast". Hiermit ist ein Brückenpfeiler gemeint, den man aus der Ferne als erstes sieht, wenn man auf die Brücke zufährt.

муж (Musch - Ehemann): Wir trennen in "Mu-sch" oder schwäbisch "Mâ isch". Auf neuhochdeutsch bedeutet dies "ist Mann". Eigentlich ist damit gemeint: "(Dies) ist (mein) (Ehe)-Mann."

мужщина (Muschina - Mann): Wir trennen in "Mâ isch inna" (sw). Auf neuhochdeutsch bedeutet dies "ein Mann ist innen".

мы (müi - wir): Wir ordnen Vokale neu ein und erhalten "mia". Dies ist bayerisch und heißt auf neuhochdeutsch "wir".

мясо (Mjasa - Fleisch): Wir streichen die Vokale und erhalten "Ms" oder "Mus". Siehe auch den Eintrag bei "мáсло" (Butter).

на (na - auf, an, für): Wir streichen das a und ordnen einen Vokal zu "in" oder "an". Eine andere Deutung ergibt sich, wenn man "na" für altdeutsch "nâ", "na" oder "nei" hält. Es bedeutet dann "hin", "hinunter" oder "hinein".

надéжда (Nadjeschda - Hoffnung): Wir trennen dieses mehrsilbige Wort bis ein sinnvoller Satz entsteht, der den Begriff erhellt: "Nad-jesch-da" oder "Net isch da". Dieser Satz ist schwäbisch und heißt auf neuhochdeutsch "ist nicht da". Etwas ist abwesend, was dringend benötigt wird. Damit ist der abstrakte Begriff "Hoffnung" gut umschrieben.

нáдо (nada - es ist nötig): Wir streichen die Vokale und setzen ein o neu ein: Not, nötig, man muß.

нарóд (Narod - Volk): Wir streichen die Vokale und ordnen ein o neu ein: "Nord". Die ersten Russen waren Waräger und kamen aus nordischen Ländern. Eine andere Deutung ergibt sich bei Trennung der Silben in "na rot". "Root" ist englisch und heißt "Wurzel". Es heißt dann "von den Wurzeln".

нас (nas - uns): Wir streichen das a und setzen ein u voran: "uns".

настоящий (nastajaschi - gegenwärtig, echt, wahr, wirklich): Wir trennen das mehrsilbige Wort und erhalten "na is dâ, ja isch hi (altd). Auf neuhochdeutsch heißt dies in etwa "nah ist da, ja ist hier."

наýка (nauka - Wissenschaft): Wir streichen die Vokale und erhalten "n-k" oder "n-g". Jetzt verdreifachen wir das g zu "n-g-gg" und setzen Vokale neu ein: "neigugga" oder "nâgugga". Dies ist schwäbisch und heißt auf neuhochdeutsch "hineinschauen" und "hinschauen".

наýчный (nautschnüi - wissenschaftlich:) Wir trennen dieses mehrsilbige Wort bis wir einen Satz erhalten, der den Begriff erhellt: "nau-ts-sch-nüi" oder "na des isch nui". Dieser schwäbische Satz bedeutet auf neuhochdeutsch "na, das ist neu". Wissenschaft bedeutet, etwas Neues zu entdecken.

начинáть (natschinat - beginnen): Wir streichen die grammatische Verbendung "at", trennen die Silben und erhalten "net isch" oder "nä des isch". Diese Sätze sind schwäbisch und bedeuten auf neuhochdeutsch "nicht ist" und "nahe dies ist". Das abstrakte Verb "beginnen" wird also so umschrieben: Wenn etwas beginnt, ist es zu diesem Zeitpunkt noch nicht vorhanden, aber es ist nahe.

никто́ (nikto - niemand): Wir trennen das Wort in "nik-to" oder "nich(t) da". Es bedeutet also zum Beispiel "Niemand ist im Zimmer" oder "(Eine Person) ist nicht da."

ночь (Notschj - Nacht): Wir ersetzen o durch a und trennen in "na-ts-isch" oder "na-di-isch". Auf neuhochdeutsch "Das ist hinunter" oder "Die ist hinunter". Damit ist gemeint "Die Sonne ist untergegangen".

о́ба (oba - beide): *Oba* ist schwäbisch und heißt auf neuhochdeutsch "oben". Was hat dies mit "beide" zu tun? Nach den Gesetzen der Etymologie bedeutet *beide* "bei De". Es bedeutet demnach "bei Gott" oder "oben im Himmel". Warum diese beiden Wörter einen religiösen Aspekt haben, wo sie doch eigentlich nur "die zusammengehörenden zwei" bedeuten, ist nicht bekannt. Es handelt sich möglicherweise um eine - heute nicht mehr bekannte - tiefer reichende "Spiritualität", ein Einsein mit Gott.

обе́д (abjed - Mittagszeit, Mittagessen): Wir trennen in "a-bed". Dies ist schwäbisch und heißt "Abend". Vermutlich gab es zu früheren Zeiten die warme Hauptmahlzeit erst abends.

обраща́ть (abraschdatj - umdrehen, richten, wenden): Bei dem Zischlaut Щ ist die dahinter stehende Bedeutung noch nicht geklärt. Während das stimmlose Ш und das stimmhafte Ж eigentlich "ist" bedeuten, könte dieser Zischlaut eine andere Aussprache des ch sein, so wie ch etwa die Franzosen aussprechen. Das Wort würde man dann in "ab-ra-ch-da" trennen. Die Verbendung "tj" entfällt. Man setzt nun statt des zweiten a ein i und erhält "abrichda". Dies ist schwäbisch und heißt auf neuhochdeutsch "abrichten".

обсужда́ть (obsuschdat - erörtern): Wir trennen das mehrsilbige Verb in "ob-s-su-schdat" oder "ob's so schdat" (sw). Auf neuhochdeutsch bedeutet dies dann "ob es so steht".

обраща́ться/обратиться (abraschatjsja/abratitsja - sich wenden an): Die Vokale werden gestrichen und neue eingeordnet. Die reflexive Verbendung "tsja" entfällt. Wir erhalten beim vollendeten Aspekt des Verbes "b-r-t", mit neuen Vokalen "berata" (sw), auf neuhochdeutsch "beraten" oder "sich beraten mit jemandem".

обы́чно (abüitschno - gewöhnlich, üblich): Wir setzen statt b ein w und trennen das Wort: "a-wüi-ts-sch". Die Adverbendung "no" fällt hier weg. Es heißt also "wie des isch" (sw) oder neuhochdeutsch "wie das ist". Der Satz "Ah, wie des (halt) so isch!" ist eine noch heute in Schwaben vollkommen gebräuchliche Formulierung für "gewöhnlich, üblich".

объявле́ние (Abjawljenie - Bekanntmachung, Erklärung): Wir streichen die Substantivendung "nie", dann streichen wir die Vokale. Wir erhalten "b-w-l". Nun ordnen wir neue Vokale ein "ob i will" (sw), auf neuhochdeutsch "ob ich will".

объявлять (objawiljat - ankündigen. erklären): Wir trennen in "ob-ja-wil". Die Verbendung entfällt. Es heißt also "ja will" der "ob i will", auf neuhochdeutsch "Ja, ich will" oder "Ob ich will". Ich will (dies tun).

одева́ть/оде́ть (adjewatj/adjetj - anziehen): Wir streichen die Verbendung tj, machen aus d ein t und dann ein ts oder z, erhalten beim vollendeten Aspekt "âzje", "âzia" (sw), auf neuhochdeutsch "anziehen". Beim unvollendeten Aspekt hieße es dann "anziehen was".

одна́ко (adnaka - aber, jedoch): Wir streichen die Vokale, erhalten "d-n-k", setzen neue ein und erhalten "dennoch".

он (oun - er): *oun* bzw. *oan* ist bayerisch für "einer, einen".

она́ (ana - sie): *oana* ist bayrisch für "eine".

окно́ (Akno - Fenster): Wir trennen in "Ak-no" oder "Aug nâ" (sw), auf neuhochdeutsch "Auge hin". Wenn wir unsere Auge auf das Fenster richten, können wir hinausschauen.

о́пыт (Opüit - Erfahrung, Versuch, Experiment): Wir streichen das "üi" und setzen statt p ein f. Dadurch erhalten wir das Wort "oft". Erfahrung erlangt man, durch wiederholtes Tun über einen langen Zeitraum. Bei einem Versuch werden so lange Lösungsmöglichkeiten ausprobiert, bis die richtige Lösung gefunden wird. Bei einem Experiment stellt man eine Hypothese auf und überprüft diese an eine Vielzahl von Fällen. Dies alles wird mit dem Wort "oft" beschrieben.

опять (apjat - wieder): Wir streichen die Vokale, setzen statt p ein w und erhalten "w-t" oder "w-d" oder auch "wieder".

отде́л (Atdjel - Abteil, Teil): Wir streichen die Vokale und ordnen neue ein: "Teil".

отдыха́ть (atdüichat - sich erholen): Die grammatische Verbendung entfällt, die Vokale werden ausgetauscht: "U(n)t(er) Dach (kommen)". Man erholt sich also, wenn man in ein Haus kommt, wo es ruhig ist, warm im Winter oder kühl im Sommer, ein Sitzplatz da ist, Essen und Getränke.

отправляться (atprawljatsja - sich begeben, gehen): Wir streichen die reflexive Verbendung "tsja" , setzen statt p ein v und tauschen die Vokale aus bis ein sinnvoller Satz entsteht: "at-vr-wl". Es meint also "vor will i" (sw), auf neuhochdeutsch "ich will vor".

отьéзд (Atjesd - Abfahrt): Wir trennen die Silben in "A-djes-d" bzw. "a djes da". Es bedeutet demnach "Hier an diesem Ort oder zu diesem Zeitpunkt, da, wird 'ade' oder 'adies' gesagt", da nimmt man Abschied".

óчень (otschen - sehr): Wir trennen das Wort bis ein sinnvoller Satz entsteht: "Oh-ts-isch-schen" (sw). Auf neuhochdeutsch heißt dies "Oh, das ist schön". Tatsächlich sagt man auch heute noch oft statt "Das ist sehr groß", "Das ist schön groß".

пéрвенство (pjerwjenstwo - Meisterschaft): Wir streichen die Vorsilbe "pjer", trennen in "wjen-st-wo, setzen neue Vokale ein und erhalten "winn ist wo". Es bedeutet also sinngemäß "Wo ein (Ge)winner ist".

писáть (pisatj - schreiben): Aus p wird w, die grammatische Verbendung" tj" fällt weg. Wir erhalten "wisa" oder "weisen" bzw. "(an)weisen". Etwas Schriftliches war früher im Regelfall eine Anweisung.

поверять (pawjerat - prüfen, kontrollieren, anvertrauen): Die Vorsilbe "pa" und die grammatische Verbendung fallen weg. Wir erhalten "wjera" oder "wahra" (sw), auf neuhochdeutsch "wahren".

подáрок (Padarok - Geschenk): Wir streichen die Vorsilbe "pa", setzen statt o ein ei und erhalten "dar-reik" oder "darreichen".

по́лный (polnüi - voll): Die grammatisch bedingte Adjektivendung "nüi" fällt weg, wir setzen statt p ein v und erhalten "voll".

получа́ть (polutschat - bekommen, erhalten): Wir setzen statt p ein v, streichen die grammatische Verbendung "at" sowie die Vokale. Dadurch erhalten wir "v-l-ts-sch", mit neuen Vokalen "voll des isch" (sw). Auf neuhochdeutsch heißt dies "Das ist voll". Es ging hier ursprünglich darum, etwas auszuteilen, im Regelfall war dies Essen. Der Satz "das ist voll", bezog sich auf den vollen Teller, den man mit diesen Worten erhielt.

помеще́ние (pamjeschenie - Raum): Wir setzen statt p ein w und tauschen die Vokale aus: "wo Mâ isch in". Auf neuhochdeutsch bedeutet dies "wo der Mann bzw. Mensch drinnen ist".

помога́ть (pomogatj - helfen): Wir streichen die grammatische Verbendung "tj" und die beiden o, dann setzen wir statt p ein v. Dadurch erhalten wir "vmga" oder "vmega" (sw), auf neuhochdeutsch "vermögen" im Sinne von "können". Wenn man jemand hilft, ist die Voraussetzung, daß man es auch kann oder "es vermag".

помолвить (pamolwitj - verloben): Wir setzen statt p ein v, tauschen das o in ä und erhalten "vamälwi(l)". Die Verbendung "tj" fällt weg. Wir wollen uns vermählen, heißt dies.

понима́ть (panimatj - verstehen): Wir streichen die grammatische Verbendung "tj", setzen statt p ein v und erhalten "vanima" (sw) , auf neuhochdeutsch "vernehmen" im Sinne von "hören".

порядок (Parjadak - Ordnung, Reihenfolge): Man setzt statt p ein f und streicht die Vokale: "frdk" oder "fertig". Ich bin mit etwas fertig, wenn es in Ordnung ist.

постéль (Pastjelj - Bett): Wir streichen die Vokale und machen aus P ein f: "f-stl" oder "aufstella" (sw), auf neuhochdeutsch "aufstellen". Ein Bett hat ein Bettgestell und wird aufgestellt.

появлляться (pajawljatsja - erscheinen, entstehen): Die Vorsilbe "pa" fällt weg, die Vokale werden neu geordnet: "w-l-t-s". Wir setzen neue Vokale ein und erhalten "i wil tes" oder "i will des" (sw). Auf neuhochdeutsch heißt dies "Ich will dies". Durch unser Wollen erschaffen wir die Welt.

прáвда (Prawda - Wahrheit, Recht): Die Vokale müssen bei diesem Wort gestrichen werden . Man erhält " prwd" oder "prft". "Prift" bzw. "priaft" ist schwäbisch. Es bedeutet auf neuhochdeutsch "geprüft". Wahrheit ist also etwas, was überprüft wurde.

правительство (Prawitjelstwo - Regierung, Behörde): Wir setzen statt p ein V und streichen die Vokale zu "vrwtlstw". Dann setzen wir neue Vokale ein und erhalten "Verwaltung ist wo" oder "Wo eine Verwaltung ist" (Das l ist hier an die falsche Stelle geraten). Eine andere Deutung ergibt sich, wenn man das P beibehält. Man erhält "Prft-l-st-wo" oder "prüft all ist wo", also "wo alles geprüft wird".

предлагать (predlagatj - vorschlagen): Man setzt statt p ein v, streicht die grammatische Verbendung "tj" und erhält "vredlaga" oder besser "vor di lega" (sw). Auf neuhochdeutsch heißt dies "vor Dich legen" oder "Dir vorlegen". Ein Vorschlag wird auf Papier gebracht und vorgelegt.

принима́ть (prinimatj - empfangen, einnehmen): Wir setzen statt p ein v und streichen die Verbendung "tj". Wir erhalten "vrinima" oder "vornehma" (sw), auf neuhochdeutsch "vornehmen".

проверять (prawjerjatj - überprüfen): Man streicht die Vokale, die Endung "rjatj" und setzt statt w ein f. Dadurch erhält man "prf". Mit neuen Vokalen erhält man "prüfa" (sw), auf neuhochdeutsch "prüfen".

продолжа́ть (pradalschatj - fortsetzen): Man streicht die Verbendung, setzt statt p ein f und ordnet die Vokale neu: "ford" oder "fort", als ganzer Satz "fort all isch". Alle sind weitergegangen.

произ- (prais - hervor; heraus): Wir setzen bei dieser Vorsilbe statt p ein v und erhalten "vor is" oder "voraus".

происходить (praischaditj - sich ereignen; abstammen, entstehen): Wir setzen statt p ein v und trennen in "vr-ais-chad". Die Verbendung fällt weg. Mit anderen Vokalen heißt es entweder "vorausgaht" (sw) oder "vor sich gaht" (sw), auf neuhochdeutsch "vorausgeht" (im Sinne von "abstammen") oder "vor sich geht" (im Sinne von "sich ereignen").

проходить (prachaditj - vergehen, vorbeigehen, durchgehen, durchkommen): Wir setzen statt p ein v, streichen die Vokale sowie die Verbendung und erhalten "vrchd" oder "vergeht".

прыжо́к (Prüischok - Sprung, Springen): Man streicht die Vokale und die Substantivendung "ok". Dadurch erhält man "prsch". Dann setzt man ein v statt dem Buchstaben p und setzt neue Vokale ein zu "vor isch". Wer springt, bewegt sich vorwärts.

прямо́й (prjamoi - gerade, direkt): Man streicht den Vokal, setzt statt p ein v und erhält "v-r". Die Adjektivendung "moi" fällt weg. Es heißt also "gerade", "direkt" oder "vor(wärts)".

путь (Putj - Weg, Bahn): Man setzt statt p ein f und zusätzlich ein r ein: "furt" (sw). Auf neuhochdeutsch bedeutet *furt* "fort". *Putj* heißt also "Furt", "fort" oder "Fahrt". Das r vor dem t ist hier verloren gegangen. (Dies ist eine häufige Erscheinung, denn ein Zungen-R vor einem t verschmilzt beim Hören mit diesem.)

путеше́ствие (Putischestwie - Reise): Wir trennen das mehrsilbige Wort in einen Satz, der den Begriff erhellt: "fort isch ist wo?". Eine Person stellt fest, daß jemand abwesend ist. Sie fragt, wo sich derjenige befindet: "Fort ist, ist wo?" Dies ist eine treffende Umschreibung des abstrakten Begriffs "Reise".

рабо́та (Rabota - Arbeit): Hier müssen die Vokale gestrichen werden. Man erhält "Rbt". Mit neuen Vokalen erhält man "Arbat" (sw) oder neuhochdeutsch "Arbeit".

ра́дость (radastj - Freude): Wir trennen in "Ra-da-stj" oder "Ra da ist". Es bedeutet also "Die Sonne ist da". Welch schöne Umschreibung des Wortes "Freude"!

распределя́ть (raspredjeljatj - verteilen): Wir setzen statt p ein v, streichen die Vokale und die grammatische Verbendung "atj". Dadurch erhalten wir "rsvrdl". Mit neuen Vokalen entsteht "(raus)verdeila "(sw), auf neuhochdeutsch "(raus)verteilen".

разруша́ть (rasruschatj - zerstören, vernichten): Wir streichen die Verbendung "atj" und trennen die verbleibenden Silben bis wir einen sinnvollen Satz erhalten: "Ras-ru-sch" oder "raus, Ruh isch!" (sw), auf neuhochdeutsch "Raus, Ruhe ist!" Hier wird umschrieben, wie man eine Lärmquelle vernichtet, nämlich indem man die lärmenden Kinder einfach aus dem Haus rauswirft ins Freie. Genauso gut konnte es sich ursprünglich um eine Invasionshorde handeln. Man wirft sie raus und Ruhe ist.

рас (ras - mal, einmal): Wir setzen ein u ein und erhalten "raus". Hier ist ein bildhaftes Auszählen gemeint, wo man z. B. die zu zählenden Gegenstände aus einem Behälter herausnimmt.

ребёнок (Rebjonak - Kind): Wir trennen das mehrsilbige Wort bis ein sinnvoller Satz entsteht, der den Begriff erhellt: "Re-bjon-ak" oder mit neuen Vokalen "Ra ben i(k)" (sw/altd). Auf neuhochdeutsch heißt dies "Ra bin ich" oder "ich bin die Sonne" oder auch "Ich bin heruntergekommen". Kinder sind göttlichen Ursprungs und kommen deshalb vom Himmel herunter. Siehe im Wörterverzeichnis auch "дети" (Kinder).

решéние (Reschenije - Entscheidung, Lösung, Richterspruch): Wir streichen das zweite e und die Substantivendung "nie", dann trennen wir in "Re (i)sch". Die Lösung, der Rat, der Richterspruch kommt direkt von Gott. Siehe auch die Bedeutungserklärung bei dem deutschen Wort "Rat".[10]

рождéние (Raschdjenie - Geburt): Die Vokale und die Substantivendung "nie" müssen gestrichen werden: "r-sch-d" oder "r-s-sch-d". Mit neuen Vokalen erhält man "Raus isch die" (sw). Es bedeutet auf neuhochdeutsch "Die ist raus". Eine andere - weniger profane - Deutung ist "Raus isch De" oder "Deo (Gott) ist raus". Kinder sind göttlichen Ursprungs. Siehe hierzu auch die Einträge bei "ребёнок" (Kind) und "дети" (Kinder) sowie die

---

[10] Seite 95 "Die Herkunft der Wörter": Wir trennen *Rat* in "Ra-t". Etwas Geistiges, das uns weiterhilft und direkt von Gott kommt.

Bedeutungserklärung bei dem deutschen Verb "gebären".[11] Eine weitere Deutung wäre "Ra isch dâ" (sw), auf neuhochdeutsch "Ra (der Sonnengott) ist da".

ру́сский (russkij - Russe): Die grammatische Adjektivendung "kij" wird gestrichen, dann wird ein "e" neu eingefügt. Man erhält "Reuss", "Reuß" oder "Reuße". *Reuße* ist altdeutsch für "Russe". Es bedeutet "Re us" oder "Re is". Es heißt also entweder "wir sind Re (Sonne /Gott)" oder "ist Re (Sonne/Gott)".[12]

с удово́льствем (sudawolstwiem - mit Vergnügen): Wir trennen den mehrsilbigen Ausdruck bis wir einen sinnvollen Satz erhalten, dabei ändern wir die Vokale: "So Du willst (wie)" oder "So wie Du willst". Es bedeutet demnach: "So wie du willst, ist es mir Recht" oder "Wenn Du willst".

све́жий (swjeschüi - frisch, neu): Die grammatische Adjektivendung "üi" fällt weg, statt e setzen wir ein i. Wir erhalten "sw-sch" oder "sfsch", also " es f(r)isch" oder "is f(r)isch". Das r ist hier verloren gegangen.

свинья (swinja - Schwein): Wir trennen in "s-w-in-ja". Dann ändern wir die Vokale und erhalten "is we in" oder "ist Heiliges in". Den alten Germanen - und auch den Osteuropäern - war das Schwein heilig.

свобо́да (Swaboda - Freiheit): Wir trennen in "Swabo-da" oder "S(ch)waba da". Wo Schwaben sind, herrscht Freiheit. Wie es zu dieser Bezeichnung für den Begriff Freiheit kam, ist nicht

---

[11] Seite 84 "Die Herkunft der Wörter": Wir trennen *gebären,* altdeutsch *gebära* in "ge-bä-ra". Dies bedeutet "Das Tragen (ba) des Sonnenkindes (Ra) ist vergangen (Ga). Die Schwangerschaft wird durch die Geburt beendet.

[12] Seite 96 "Die Herkunft der Wörter: *Russe* hieß im Altdeutschen "Reuße", getrennt wird es in "Re us". Gott (sind) wir oder Gott (mit) uns.

bekannt. Es ist möglich, daß der germanische Stamm der Schwaben bzw. Sueben ursprünglich in Osteuropa lebte, bevor der Stamm (oder ein Teil von ihnen) während der Zeit der Völkerwanderung nach Mittel-, West- und Südeuropa zog.

сдать (sdatj - übergeben, vermieten): Wir trennen in "es steht". Wenn ein Gebäude fertig gebaut ist, steht es und kann übergeben bzw. vermietet werden. Eine andere Deutung ergibt sich bei Trennung in "s-da-tj" bzw. "is da" für "übergeben".

селéние (Selenije - Dorf): Wir streichen die Endung "ije" und erhalten "Seelen". Die in den russischen Dörfern lebenden Leibeigenen wurden "Seelen" genannt.

семья (Sjemja - Familie): Wir trennen das Wort in "Sem mia" (bay), auf neuhochdeutsch "sind wir".

сердце (sjerze - Herz): Wir trennen in "s-jerze", stellen ein h voran und machen aus je ein e: "s'Herze" oder "das Herz".

серебрó (sjerjebro - Silber): Wir streichen die Vokale und setzen l statt r: "slbr" oder "Silber".

сильный (siljnüi - stark, kräftig, mächtig, tüchtig): Die grammatische Adjektivendung "nüi" wird gestrichen, aus i wird e, man bekommt "sel(ig)" oder "seelenvoll".

скáзывать (skasüiwatj - sagen): Wir setzen statt k ein g und fügen ein a ein: "saga-sie-wat" oder "saga-sie-was" (sw), auf neuhochdeutsch "sagen Sie was".

славянин (Slawjanin - Slawe): Wir streichen die Substantivendung "nin" und erhalten "Slawa". Dies trennen wir in "(i)s lawa" oder altdeutsch "is leba". Auf neuhochdeutsch bedeutet dies "(da) ist Leben". Wer im alten Rußland mit dem Boot auf Flüssen reiste, um Handel zu treiben oder auch um Raubzüge zu unternehmen wie die Wikinger, hielt in dem weiten, fast menschenleeren Gebiet nach Lebenszeichen der Bewohner Ausschau. Sah der Mann am Ausguck irgendwo Rauch aus einer Herdstelle aufsteigen, rief er den anderen zu "Is Leba!" oder auch "(i)s Lawa!", auf neuhochdeutsch "(Da) ist Leben!". Die Wikinger steuerten daraufhin das Ufer an und trafen sich mit den Leuten. Auf natürliche Weise wurde dieser Ausruf zur Bezeichnung für die dortigen Bewohner.

слобода́ (Slabada - Wohnviertel): Man macht aus b ein f und erhält "s(ch)lafa da" (sw). Auf neuhochdeutsch heißt dies "schlafen da". Wohnviertel sind nur zum Wohnen, genauer gesagt zum Schlafen da, gearbeitet wird an einem anderen Ort. Man nennt sie bei uns deshalb "Reine Wohngebiete" (siehe § 3 BauNVO).

смерть (smjertj - Tod): Wir setzen statt s ein sch und fügen an das t ein z an: "Schme(t)rz". Eine andere Deutung erhalten wir, wenn wir das Wort in Silben trennen: "s-mert" oder mit veränderten Vokalen "is Mord" oder "is Mart(er)".

снача́ла (snatschala - zuerst): Wir trennen die Silben in "s-na-ts-sch-ala" oder "es nah dies isch (von) alle". Dies bedeutet, das Naheste (Nächstliegende) kommt zu Beginn.

снима́ть (snimajt - aufnehmen, mieten, ausziehen, herunternehmen): Wir streichen das "tj" und trennen in "s'nima" (sw), auf neuhochdeutsch "es nehmen".

собира́ться (sobiratsja - sich versammeln, sich anschicken, beabsichtigen): Wir setzen ein w statt b, streichen das a und erhalten "so wird's ja".

содержа́ние (Sadjerschanie - Inhalt): Die Substantivendung "nie" und die Vokale werden gestrichen. Man erhält "s-d-r-sch" oder wenn man statt r ein l setzt "s-d-l-sch" bzw. mit neuen Vokalen "so dâ lisch". Dieser Satz ist schwäbisch und heißt auf neuhochdeutsch "so, da lies es!" oder "da lese es!". Damit ist das Inhaltsverzeichnis eines Buches gemeint. Liest man dieses, hat man den Inhalt zusammengefaßt und weiß, was in dem Buch steht.

сообща́ть (soobschatj - benachrichtigen, mitteilen): Wir trennen das mehrsilbige Wort in den Satz "so ob's schtat (sw), auf neuhochdeutsch "ob es so steht". Konsonanten wie t und s sind hier zu verdoppeln und mit Vokalen zu füllen. Anders gedeutet heißt es "(so) ob's so isch". Hier fällt die grammatische Verbendung weg und es wird ein i eingesetzt. Eine dritte Deutung erhält man, wenn man щ als "schch"" liest. Dann heißt es "so ob's gaht" (das ch wird zu g). Dieser Satz ist schwäbisch und heißt auf neuhochdeutsch "so ob's geht".

соста́в (sostaw - Zusammensetzung, Bestand): Wir streichen die Endung "aw", setzen ein i ein und erhalten "so ist (es)".

сочине́ние (satschinjenie - Werk, Aufsatz): Die Vokale und die Substantivendung "nie" werden gestrichen zu "s-t-sch-n", dann ordnet man neue Vokale ein "so des isch enna" (sw), auf neuhochdeutsch "so das ist innen" oder "so das ist darinnen". Eine andere Deutung ist "so des isch eana" (sw), auf neuhochdeutsch "so das ist ihnen" (ihr Werk). Der aufgefundene Satz bezieht sich also entweder den Inhalt des Werks oder auf den Autor als Urheber.

спать (spatj - schlafen): Wir tauschen a in ä und erhalten "spät". Spät am Tage (d. h. abends) schläft man. Siehe auch den Eintrag bei "вечер".

спра́вочник (Sprawatschnik - Nachschlagewerk, Handbuch): Die Vokale und die Substantivendung "nik" werden gestrichen. Man erhält "sprwtsch", mit f statt w und sinnvoll getrennt "s prft sch" oder mit neuen Vokalen "es priaft isch" (sw). Auf neuhochdeutsch heißt dies "es geprüft ist" oder "es ist geprüft. Dies bedeutet sinngemäß "es ist richtig (was darin steht)".

спра́шивать (spraschiwatj - fragen): Wir trennen das mehrsilbige Verb in "spra schi wat" oder "sprach sie wat (was)"? Jemand hat nicht verstanden und fragt nach, was eine weibliche Person gesagt hat. Aus einem häufig angewandten Fragesatz mit dem Fragewort "was" entstand also das Verb "fragen".

стать (statj - werden, anfangen, entstehen): Das Wort kommt von "(ent)stehen".

счастливый (tschastliwüi - glücklich): Wir streichen hier die Vokale und erhalten "ts-chst-lw", dann setzen wir b statt w und h statt ch und fügen neue Vokale ein zu "Das heißt Liebe". Lieben heißt glücklich sein. Eine andere Deutung erhält man mit dem Vokal e: "Das heißt leba" oder "Das heißt Leben". Leben heißt glücklich sein oder es sollte im Idealfall so sein.

сын (Süin - Sohn): Wir ersetzen den Vokal ы durch ein o und erhalten "Sohn".

сыр (Süir - Käse): Wir ersetzen den Vokal ы durch ein au und erhalten "saur" (sw), auf neuhochdeutsch "sauer". Käse wird aus Sauermilch hergestellt.

сюда́ (sjuda - hierher): Wir trennen die Silben und erhalten "sieh da". Wenn wir jemand etwas zeigen wollen oder er etwas anschauen soll, rufen wir "hierher!" oder "sieh da!".

тарелка (Tarjelka - Teller): Wir ändern r in l und l in r. Dadurch erhalten wir "Taljerka" oder "Tellerchen".

тетра́дь (Tjetradj - [Schul]heft): Ein r nach t ist weggefallen (siehe auch bei путъ = Weg). Es heißt also "Tretrad" oder auch "Tretmühle". Warum wohl? Das Wort Tretmühle wird heute im übertragenen Sinne für langweiliges, monotones Arbeiten gebraucht.

тёмный (tjomnüi - dunkel): Wir ändern t zu d und jo zu ä. Dadurch erhalten wir "dämm(rig)".

тётя (Tjotja - Tante): Siehe altdeutsch *Dode* für Patin oder weibliche Verwandte. In Schwaben ist das Wort "Dode" für die Patentante oder den Patenonkel heute noch gebräuchlich.

то (to - jenes, dasjenige): Wir tauschen t in d und o in a. Dadurch erhalten wir "da". Man deutet also auf den Gegenstand, den man meint und sagt "da" oder "das da".

тогда́ (tagdá - damals, dann): Wir trennen in "Tag da". Es bedeutet also "an dem Tag".

то́же (tosche - auch): Wir trennen die Silben in "to-sche" oder "dâ scho" (sw). Auf neuhochdeutsch heißt dies "tatsächlich da". Getrennt werden kann auch in "dâ isch" (sw), auf neuhochdeutsch "da ist".

ты (tüi - du): Man tauscht ы in u und t in d. Dadurch erhält man "du".

у́гол (Ugal - Ecke): Wir streichen die Vokale und machen aus g ein ck: "ckl". Dann fügen wir neue Vokale ein und erhalten "Eckle" (sw), auf neuhochdeutsch "Ecklein".

уделять (udjelatj - (er)teilen): Wir streichen die Vokale und die grammatische Verbendung "tj" und erhalten "dl". Dann fügen wir neue Vokale ein zu "deila" (sw), auf neuhochdeutsch "teilen".

удобство (Udobstwa - Bequemlichkeit, Komfort): Wir streichen die Vokale und ersetzen b durch w: "dwstw". Mit neuen Vokalen heißt dies "Du weißt wie/wo". Komfort wird umschrieben mit "jeder weiß, was mit Bequemlichkeit gemeint ist oder wo er sie findet."

уж (usch - Natter, wirklich, in der Tat): Man streicht das u und fügt am Ende ein o ein zu "scho". *Scho* ist schwäbisch und bedeutet auf neuhochdeutsch wörtlich "schon", darüber hinaus bedeutet es "wirklich", "in der Tat". Man sagt auf schwäbisch zum Beispiel "Des isch scho so". Damit meint man "das ist tatsächlich so".

Украина (Ukraina - Ukraine): Wir streichen die Vokale und setzen neue ein: "K-r-n", also "Korn" oder auch "Ackerrain". Die Ukraine galt früher als die Kornkammer Europas.

улыбаться (ulüibatsja - lächeln): Wir streichen das u und die reflexive Verbendung "tsja". Wir erhalten "lüiba" oder "lieba" (sw), auf neuhochdeutsch "lieben". Wer liebt, lächelt. Wer sich selbst liebt, lächelt immer.

условие (uslowie - Bedingung): Wir setzen b statt w und streichen die Substantivendung "ie". Dadurch erhalten wir "uslob" oder "Auslobung".

успевать/успеть (uspjewatj/uspjetj - vorwärtskommen, (noch) Zeit haben, rechtzeitig hinkommen: Wir trennen den vollendeten Aspekt des Verbs in "u-spet" oder "Uh, es ist spät".

Es bedeutet also, es ist spät, beeilen wir uns, dann schaffen wir es noch.

устáлный (ustalnüi - müde): Wir streichen die Adjektivendung "nüi" und die Vokale. Dadurch erhalten wir "stl". Wir setzen nun ein i ein. Dies ergibt "still". Wer müde ist, verhält sich ruhig.

ýтро (utra - [der] Morgen): Wir trennen *utra* in "ut-ra". "(Her)aus Ra" bedeutet dieses Wort. Damit ist gemeint, die Sonne ist jetzt draußen bzw. über dem Horizont erschienen.

учёный (utschonüi - gelehrt; Gelehrter, Wissenschaftler): Wir trennen das mehrsilbige Wort bis ein sinnvoller Satz entsteht, der den Begriff erhellt: "Uh-ds-sch-scho-nüi" oder "Uh, des isch scho nui"(sw), auf neuhochdeutsch "Oh, das ist tatsächlich neu". Ein Wissenschaftler ist ein Forscher, also jemand der "Neues entdeckt".

хлеб (Chljeb - Brot): Wir streichen das Ch oder H am Anfang und tauschen das e in ein ai: "Laib".

хлопоты (Chlopatüi - Ärger): Wir streichen die Vokale und erhalten "chlpt" oder "klebt". Es klebt etwas an einem, das man los sein möchte.

ходить (chaditj - gehen): Statt ch setzen wir ein g und streichen die Verbendung "itj", also "gaht" (sw) für neuhochdeutsch "geht".

хозяйн (Chasjain - Hausherr, Besitzer): "Ch" ist hier für H gebraucht, da das kyrillische Alphabet kein H kennt. Die erste Silbe heißt also "Has" oder genauer "Haus". "Haus ja in" ist ein Satz, der den Begriff "Hausherr" oder "Besitzer" umschreibt. Eine bestimmte Person gehört zu oder in ein bestimmtes Haus.

хозяйство (Chasjaistwo - Wirtschaft): Wir trennen das mehrsilbige Wort bis ein sinnvoller Satz entsteht, der den Begriff erhellt: "Haus-ist-wo". Wo ein Haus ist, wird gewirtschaftet.

холодный (choladnüi - kalt): Wir streichen die Adjektivendung "nüi", setzen statt ch ein k und streichen die Vokale: "kld" oder "kalt".

хороший (charoschi - gut): Wir setzen statt ch ein g und streichen die Vokale: "grsch". Mit neuen Vokalen heißt dies "groß isch" (sw), auf neuhochdeutsch "groß ist". Ein abstrakter Begriff wie "gut" konnte einstmals nur in einer mengenmäßigen Relation begreiflich gemacht werden. Wenn etwas groß ist, ist es auch viel und dann ist es gut.

хотеть (chatjetj - wollen): Wir setzen statt ch ein h, streichen das "tj" und erhalten "hätte". "Wenn ich etwas hätte", auf diese Weise drückt man den Wunsch nach etwas aus.

хочет (chotschet - (er) will): Wir setzen h statt ch und erhalten "hätsch et?" Dies ist schwäbisch und heißt auf neuhochdeutsch "hättest Du nicht? "Hätsch et..." oder "hättest Du nicht.." sagt man, wenn man etwas von jemandem haben möchte und es höflich ausdrücken will. Man sagt also nicht "ich will von Dir dies und jenes haben" sondern in Frageform "hättest Du nicht.... dies oder jenes?"

худой (chudoi - mager): Wir streichen Adjektivendung "oi", setzen statt ch ein h und erhalten "hud". *Hudd* ist schwäbisch und heißt auf neuhochdeutsch abwertend "dünne Frau", sinngemäß etwa "klappriges, dürres Gestell".

царь (Zar - Zar, Kaiser): Wir trennen in "ts-Ar" oder "des is Ar", auf neuhochdeutsch "Das ist der Adler". Der Adler war das Wappentier des russischen Kaiserreiches.

цéлый (zelüi - ganz, unversehrt, heil): Wir streichen die Adjektivendung "üi" und erhalten "ts-el" oder "das all(es)". Alles als Synonym für das Ganze.

человéк (Tschelowjek - Mensch): Wir streichen die Vokale und erhalten auf diese Weise "tschlwk". Dann trennen wir die Buchstaben bis ein sinnvoller Satz entsteht, der den Begriff erhellt: "T-schl-wk" oder "D'Schell weg" (sw). Auf neuhochdeutsch heißt dies "Das Glöckchen ist weg". *Mensch* wird hier als Negativabgrenzung definiert. In diesem Sinne gelten Narren und Haustiere nicht als Menschen.

чéрез (tscherjes - nach; innerhalb; im Verlauf von): Wir streichen die Vokale und trennen in "ts-sch-rs". Mit neuen Vokalen heißt es "Des isch raus" (sw), auf neuhochdeutsch "Das ist raus".

честно (tschestno - ehrlich): Die Adverbendung "no" sowie die Vokale werden gestrichen: "ts-sch-s-t". Wir füllen neue Vokale ein und erhalten "des isch so" (sw). Das t bleibt unberücksichtigt. Auf neuhochdeutsch heißt dies "Das ist so". Wollen wir etwas bekräftigen, was unser Gegenüber nicht glauben will, so sagen wir "ehrlich!" oder auch "Das ist so!"

читáть (tschitatj - lesen): Wir trennen das mehrsilbige Wort bis ein sinnvoller Satz entsteht, der den Begriff erhellt: "ts-chitat" oder "des chitat" (altd). Auf neuhochdeutsch bedeutet dies "das heißet". Wenn wir lesen, entziffern wir eine Schrift. Wir sagen dann "das heißt... dies und das" (Es folgt dann das entzifferte Wort).

что (schto - was): Wir trennen die Buchstaben in "sch-to " oder mit i am Beginn "isch da". "Isch da?" fragt man auf schwäbisch, auf neuhochdeutsch fragt man "ist da?" Eine andere Deutung erhalten wir, wenn wir das Wort entsprechend der Schreibweise entschlüsseln. Geschrieben wird es nämlich "tschto", mit einem ч am Anfang. Wir streichen das o und trennen in "ts-cht" oder "das heißt". Statt dem Fragepronomen "was" können wir auch fragen "das heißt?" und dabei am Ende die Stimme heben.

чу́вствовать (tschu(w)stwawatj - fühlen): Die grammatisch bedingte Verbendung "watj" fällt weg, die Vokale werden gestrichen zu "tschwstw", getrennt "ts-sch-wst-w", oder "des isch weißt wie" (sw). Auf neuhochdeutsch bedeutet dieser Satz "das ist, weißt Du wie...". Eine sehr schöne Umschreibung für das Verb fühlen! Wenn wir sagen, was wir fühlen, dann erklären wir dies folgendermaßen "das ist, weißt Du wie ... "

шесть (schest - sechs): Wir streichen das e und erhalten "schs(t)". Dann ordnen wir das e neu ein. Das t lassen wir unberücksichtigt. Wir erhalten "sechs(t)".

я (ja - ich): Wir tauschen den Vokal "ja" gegen i aus und erhalten "i" (sw), auf neuhochdeutsch heißt dies "ich".

ясно (jasna - klar): Wir streichen die Vokale, erhalten "s-n", setzen neue ein zu "is na(h)". Wenn etwas nah ist, kann man es klar sehen.

Es bleibt dem Leser freigestellt, die Wörter auch auf andere Weise in Sätze zu trennen, die den Begriff erhellen. Wie im Wörterverzeichnis an einigen Beispielen, die mehrere Deutungsmöglichkeiten haben, aufgezeigt, sind diese Interpretationen ebenfalls richtig. Jeder Leser hat die

Möglichkeit, anhand der vorgestellten Methoden der Etymologie weitere Wörter zu entschlüsseln und die ursprüngliche Bedeutung dieser Wörter herauszufinden.

Kapitel 5

♦

Die Entstehung der russischen Grammatik

Die Hauptwörter (Substantive)

Gab es Hauptwörter als grammatikalische Kategorie schon vor der Erschaffung des Russischen? Dies kann man feststellen, indem man das Wörterverzeichnis dieses Buches daraufhin durchsucht, inwieweit die dort durch Silbentrennung aufgefundenen altdeutschen Sätze Hauptwörter enthalten. Wir finden dort folgende Wörter, die sich in Sätze mit Subjekt und Prädikat oder Subjekt, Prädikat und Objekt oder Präposition und Objekt zergliedern lassen und auf diese Weise Hauptwörter enthalten. Die nachstehende Auflistung enthält am Zeilenanfang das russische Wort aus dem Wörterverzeichnis, dann in Klammer die Lautschrift und die deutsche Bedeutung, nach dem Doppelpunkt steht das aufgefundene altdeutsche Hauptwort.

берёза (Bjerjosa - Birke): Bier
власть (Wlastj - Macht, Gewalt): Wille
вничью (wnitschju- unentschieden): (Ge)winn
волос (Wolas- Haar): Wolle
вопрос (Wopros - Frage): Frau
вторжение (Wtorschenie - [feindlicher] Einfall, Invasion): Tor
каникулы (Kanikulüi - Ferien): Ul (Schule)

хозяйство (Chasjaistwo - Wirtschaft): Haus
вечер (Wjetscher - Abend): Bett
действительно (Djeistwitjelna - wirklich, tatsächlich): Dei (Gott)
дочь (Dotsch - Tochter): Dote (Tante/Verwandte)
заголовок (Sagalowok - Überschrift): Lob
муж (Musch - Ehemann): Mann
отдыхать (atdüichatj - erholen): Dach
ребёнок (Rabjanok - Kind): Ra (Sonnengott)
радость (Radastj - Freude): Ra
свобода (Swaboda - Freiheit): Schwaben
счастливый (Tschastliwüi - glücklich): Liebe (evtl. auch lieben)
человек (Tschelowjek - Mensch): Glöckchen

Hauptwörter waren nach den Ergebnissen dieser summarischen Überprüfung in der Ursprache bereits vorhanden, wobei zu beachten ist, daß die Entstehung neuer Wörter aus Sätzen ein *Prozeß* ist. Prozeß bedeutet ein sich über eine gewisse Zeit erstreckender Vorgang, bei dem etwas (allmählich) entsteht, sich herausbildet. Bei der Sprachentwicklung ist damit gemeint, daß bis heute noch neue Wörter entstehen. Es müssen deshalb nicht alle hier aufgefundenen Hauptwörter tatsächlich gleich alt sein oder alle der Ursprache entstammen. Auffällig ist, daß unter den russischen Wörtern zugeordneten altdeutschen Sätzen nur zwei Sätze ein Hauptwort mit Artikel enthalten: Die Wörter "заголовок" (a = ein) und "человек" (d = die). Darauf werde ich später noch eingehen.

Die Bildung neuer Hauptwörter im Russischen erfolgt auf dieselbe Weise wie im Deutschen: durch Sätze aus einsilbigen Wörtern, die zusammengeschrieben werden und gegebenenfalls durch Anhängen von Substantivendungen wie im Deutschen "ung" oder "heit", im Russischen durch "nije", "ija", "a", "ja" "nik", "wo" und "iza". Diese Endungen machen aus Wörtern einer anderen grammatischen Kategorie ein Hauptwort und bezeichnen das grammatische Geschlecht. Die Endungen "ik" und "iza" bezeichnen eine männliche oder weibliche Person. Ein Wort mit der Endung "wo" ist in Wirklichkeit ein Satz, der auf eine Örtlichkeit hinweist. Beispiele sind die Wörter "хасяйсто" (Wirtschaft), "министерство" (Ministerium) und "правителство" (Behörde). Daneben werden auch vollkommen abstrakte Wörter mit Sätzen, die ein "ist wo" enthalten, treffend umschrieben. Beispiele hierfür sind die Wörter "искуство" (Kunst), "первенство" (Meisterschaft) und "удобство" (Bequemlichkeit).

Ich behandle nun die Wörter "Mann" und "Frau" im Russischen etwas genauer. Diese sehr frühen und wichtigen Wörter der Ursprache lauten im Russischen anders. Das frühe Wort für Mann, der Urlaut "Mâ" ging durch die Konsonantenschreibweise verloren. *Mâ* kommt nur in der Verbindung "муж", gesprochen "Musch", in der Bedeutung "Ehemann" vor. Es ist kaum erkennbar, daß es sich hierbei in Wirklichkeit um den schwäbischen Satz "Mâ isch" bzw. "mei Mâ isch", auf neuhochdeutsch "Das ist mein Mann" handelt. Für den eigentlichen Begriff "Mann" mußte nun ein neues Wort gefunden werden, das dann von der Ursprache abwich.

Ebenso wenig kommt das indogermanisch/altdeutsche Wort "Fra" bzw. "Frau" im Russischen vor. Der Grund hierfür ist einfach zu benennen. Statt dem Buchstaben F wurde nämlich meist ein P geschrieben, die Vokale fielen weg. Dadurch wurde aus dem ursprünglichen Wort Frau etwas, das wie eine Vorsilbe aussah: "pro" oder "per". Siehe hierzu unter anderem das Wort "вопрос" (Frage). Man mußte das Wort Frau, das auf diese Weise anscheinend völlig untergegangen ist, neu schaffen und behalf sich mit dem Wort "жена", auf deutsch wörtlich "Schöne" bzw. altdeutsch "Schena".

Interessant ist in diesem Zusammenhang das russische Wort für "Mensch". *Mensch* (eigentlich "Mann isch") gibt es im Russischen als "Musch" (in Silben getrennt "Mâ-isch"), und dies heißt "Ehemann". Für den Begriff "Mensch" mußte deshalb ein neues Wort geschaffen werden. Es ist das Substantiv "человек" (Aussprache "Tschelowjek"). Die im Wörterverzeichnis gefundene etymologische Erklärung mit der Bedeutung "Das Glöckchen ist weg" erscheint ziemlich willkürlich und auch sonderbar. Offenbar ist aber hier mit dem russischen Wort der Mensch nicht als bloßes Lebewesen, sondern in seiner sozialen Funktion als moralisch handelnde Person gemeint. Dann handelt es sich bei dem Begriff um einen abstrakten Begriff, der mit einem Satz genau umschrieben werden muß. Dies ist im Wege einer Negativabgrenzung gemacht worden. Das russische Wort für Mensch meint jemanden, der kein Haustier ist, denn freilaufende Haustiere tragen in Rußland ein Glöckchen. Also jemand, der nicht sein Futter von seinem Herrn bekommt, sondern der selber für sich sorgt und sich selbst verantwortlich ist. Dieser Jemand ist auch kein Narr (mit Schellenkappe), verhält sich also nicht närrisch, sondern angemessen und vernünftig. Das deutsche Wort Mensch wird getrennt in "Mann isch". Auch im Deutschen ist nicht jeder ein Mensch, sondern nur der, der auch ein Mann im eigentlichen Sinne ist, nämlich stark und verantwortungsvoll. Die beiden etymologischen Erklärungen im Deutschen und Russischen für das Wort Mensch sind deshalb in ihrer inhaltlichen Bedeutung identisch. Diese Definitionen für Mensch unterscheiden sich von der heutigen Auffassung, wonach jeder in erster Linie Mensch und im Übrigen alle Menschen gleich sind. Niemand ist automatisch schon Mensch im wirklichen Sinne. Es kann jedoch jeder ein Mensch sein, wenn er sich wie ein Mensch verhält. Dies liegt allein an uns selbst.

Hauptwörter haben im Russischen keinen Artikel, der sie als Hauptwort ausweist. Stattdessen ist die Beugung der Hauptwörter sehr ausgeprägt. Es gibt sechs Fälle, namentlich zu den vier Fällen im Deutschen noch einen Präpositiv (wo) und den Instrumental (womit). Durch die Beugungen am Ende des Wortes sind Hauptwörter und deren Stellung im Satz auch ohne Artikel leicht zu erkennen.

Die Artikel

Die Artikel fehlen im Russischen. Man fragt sich: Fielen sie durch die Konsonantenschreibweise weg, indem sie aufgrund fehlender Vokale verloren gingen oder gab es damals, als die slawischen Sprachen entstanden, keine Artikel im Urslawischen, Altdeutschen oder Indogermanischen? Diese Frage wurde im Unterkapitel "Die Hauptwörter" anhand des vorliegenden Wörterverzeichnisses untersucht. Artikel tauchen in den im Wörterverzeichnis aufgefundenen altdeutschen Sätzen nur zweimal auf, nämlich bei "человек" und "заголовок". Es handelt sich um d' (die) und "a" (ein). Diese beiden Wörter sind vermutlich spät entstanden, nämlich erst, als es eine Schrift schon gab. Dies gilt insbesondere für das Wort "заголовок - Überschrift", wo es augenfällig ist (hier ist ausdrücklich von Schrift die Rede). Die Ursprache hatte sicherlich am Anfang keine Artikel. Da aus den Wörtern der Ursprache sukzessive russische Wörter geschaffen wurden, ist es einleuchtend, daß bei einer Analyse russischer Wörter mal Artikel auftauchen und dann wieder nicht.

Die Zeitwörter (Verben)

Wir untersuchen zunächst Verben, die aus der Protosprache entstanden sind, sich also auf die dort vorhandenen Urlaute beschränken. Es handelt sich um die Urlaute "Is" (Sein, ist) und Ga (Gehen). Wie weiter vorne schon erwähnt, gibt es im Russischen das Verb "есть", welches "es ist", "es gibt" und "es existiert" bedeutet. Hierbei dürfte es sich um das originale "Is" handeln, sowohl von der Bedeutung "ist", als auch der Tatsache her gesehen, daß *есть* nicht konjugiert werden kann, wie es vor Zeiten für die Verben der Protosprache zutraf.

Der Urlaut "Ga" (Gehen) ist im Russischen in dem Verb "ходить" (chaditj - gehen) vorhanden. Hier wird aus dem harten Rachenlaut ch das weichere g gemacht. Man erhält dadurch den originalen Urlaut "ga" oder das schwäbische "gaht". Ebenso enthält auch das Verb "ехать" (jechatj - fahren) den Urlaut Ga. Wir streichen hier das e, machen aus ch wiederum g und erhalten auf diese Weise "ga(t)".

Das alte Wort für "fahren" - es lautet "fara" und enthält die Urlaute "Fa" und "Ra" (siehe erstes Kapitel) - gibt es im Russischen nicht mehr. Der Grund dürfte derselbe sein, wie beim Fehlen des frühen Wortes "Fra" oder "Frau" im Russischen. Durch die Schreibung eines p statt eines f und Wegfalls beider a's wurde eine Art Vorsilbe aus diesem alten Verb, nämlich "pro" oder "per". Diese Vorsilbe kommt bei neueren russischen Verben ziemlich häufig vor.

Das altdeutsche Verb "haba" (neuhochdeutsch "haben") gibt es im Russischen ebenfalls nicht mehr. Den Anfangsbuchstaben h verschwand, weil es das h in der kyrillischen Schrift nicht gibt, das a fiel durch die Konsonantenschreibweise weg. Damit war das Wort "haba" nicht mehr da, sondern allenfalls noch der Urlaut "ba". Es gibt im Russischen ein Wort für besitzen, nämlich "иметь", üblicherweise sagt der Russe aber "bei mir ist..." ("y меня есть.."), statt "ich habe". Es ist einleuchtend, daß sich diese Redewendung eingebürgert hat, weil das alte Verb "haba" in der Bedeutung von "etwas in eine Umzäunung hineintragen" und dadurch "in Besitz nehmen" nach Einführung der kyrillischen Schrift verschwunden war.

Als nächstes befassen wir uns mit zusammengesetzten Verben, genauer gesagt, mit Verben, die aus ganzen Sätzen bestehen. Beginnen will ich mit dem Wort "завтракать" (saftrakatj - frühstücken). Wie im Wörterverzeichnis erläutert, heißt dieses Wort in Silben getrennt eigentlich "es ist aufgetragen". Offenbar weckte man früher in russischen Herrenhäusern, indem ein Diener an die Türe des Schlafzimmers der Dame oder des Herrn klopfte und rief "s'is auftraga!", statt zu rufen "Frühstück ist fertig!". Das heutige russische Verb für "frühstücken" bildete man aus diesem Satz, indem durch die kyrillische Schreibweise das u zu einem f bzw. w wurde (dies ist allgemein so, siehe zum Beispiel das russische Wort für "Automobil"), das i wegfiel und die Verbendung "tj" angefügt wurde. Schon hatte man ein neues Verb geschaffen.

Das Verb "спрашивать" (spraschiwatj - fragen) ist ebenfalls ein Satz und heißt eigentlich "sprach sie wat?" oder "sprach sie was?" Man mußte hier nur noch die Verbendung "tj" anhängen und hatte ein neues Verb im Russischen geschaffen. "Sprach sie 'wat?' " bzw. "sprach sie 'was?' " umschreibt treffend die Tätigkeit des Fragens. Eine Person spricht nämlich ein Fragewort aus, hier speziell "was" oder auch zum Beispiel "wie", "wer", "wann" und formuliert damit eine Frage.

Die Konjugation der Verben

Die Konjugation der russischen Verben ist an das Altdeutsche angelehnt:

russisch	Lautschrift	neuhochdeutsch	altdeutsch
я люблю	ja ljublju	ich liebe	i liab
ты любишь	tüi ljubisch	du liebst	du liabsch
он любит	on ljubit	er liebt	(d)er liabt
мы любим	müi ljubim	wir lieben	mir liabat
вы любите	wüi ljubite	ihr liebt	ihr liabat
они любят	ani ljubjat	sie lieben	se liabat

Bis auf die erste Person Plural ist die Konjugation der Verben im Präsens die Konsonanten betreffend im Russischen und Altdeutschen gleich.

Vergangenheit und Zukunft der Verben

Im Altdeutschen gibt es nur eine Vergangenheit, das Perfekt. Dieses wird durch die Hilfsverben "haben" oder "sein" und das Partizip Perfekt gebildet. Im Russischen, welches ja aus dem Altdeutschen entstanden ist, gibt es diese zusammengesetzte Vergangenheit nicht mehr. Dies erklärt sich daraus, daß das Verb "haben" untergegangen ist und das Verb "sein" nur als Originalurlaut Is existiert und nicht konjugiert werden kann. Hilfsweise wurde eine neue Vergangenheitsform geschaffen, die auf L auslautet.

Wie im Altdeutschen kann im Russischen die Zukunftsform durch Zusammensetzung der Zukunftsform von "быть" (sein) mit dem Infinitiv eines Verbs gebildet werden.

Bei der Weiterentwicklung des Russischen wurde bei den Zeitwörtern jeweils eine unvollendete und eine vollendete Form des Verbs (Aspekt) geschaffen, deren Vergangenheitsform die abgeschlossene Vergangenheit (Perfekt) und deren Präsenzform die Zukunft bildet.

Eigenschaftswörter (Adjektive)

Im Russischen bildet man Adjektive durch das Anhängen eines i an das Ausgangswort. Dieses i ist das ursprüngliche altdeutsche Wort für "ich", wie es zum Beispiel auch im Englischen mit dem I (gesprochen "ai") noch vorhanden ist. Mit dem Anhängen des Pronomens der ersten Person Singular "ich" oder "i" an das Ausgangswort ordnet man die Bedeutung dieses Wortes sich selber und damit einer Person als Eigenschaft zu. Im Deutschen werden Eigenschaftswörter allgemein auf dieselbe Weise gebildet, nämlich durch Anhängen von "ig" oder "ich" an ein Hauptwort. Beispiele hierfür sind die Wörter "lustig", "heilig", "traurig" und andere. Ebenso ist es im Russischen.

Interessant in diesem Zusammenhang sind spezielle Adjektive wie zum Beispiel das Wort "дешёвый" (djeschowüi - billig, günstig). Hier ist die Endsilbe "wüi" gleichzeitig grammatisch bedingte Adjektivendung und Prädikat eines Satzes, nämlich das Wort "will" von "wollen" in der ersten Person Singular. Dies wird in der Steigerungsform des Komparativs deutlicher, wo das l von "will" erhalten geblieben ist.

Das Wort "важный" (waschnüi - wichtig, bedeutsam) enthält als Endsilbe das schwäbische Wort "nui", auf neuhochdeutsch "neu". Aber "nüi" ist ebenfalls eine grammatische Adjektivendung. Zufall oder nicht? Diese Frage führt uns zum nächsten Thema.

Frühe Wörter als Prototypen für grammatische Kategorien

Frühe Wörter als Muster für grammatische Formen haben Altdeutsch und damit ebenso das moderne Deutsch geprägt. Durch die in der Protosprache schon vorhandenen Verben "fa", "ga", "ba" und "ka", die zunächst für sich, dann zusammengesetzt zum Beispiel als das Wort "haba" (siehe erstes Kapitel) verwendet wurden, ergab sich in diesem Zusammenhang von selber die Verbendung "a", die im Neuhochdeutschen zu "en" modifiziert wurde.

Im Russischen wurde zunächst aus dem Urslawischen diese Verbendung "a" übernommen. Sie findet sich noch bei den Verben der "e"-Konjugation, allerdings ist später diese Endung durch das Anhängen von "tj" modifiziert worden. Möglicherweise wurde dieses Anhängen von "tj" durch die vormalige Konsonantenschreibweise und des dadurch bedingten Wegfalls des a zur Verdeutlichung, daß hier ein Verb vorliegt, notwendig. Inwieweit die Verbendung "watj" durch das oben behandelte russische Verb für "fragen", das als Endsilbe das Fragewort "wat" (englisch "what") bzw. "was" enthält, als grammatisches Muster für andere Verben übernommen worden ist, wäre noch zu untersuchen. Die Adjektivendungen "wüi" (will) und "nüi" (neu), bei denen es sich gleichzeitig um altdeutsche Wörter handelt, können ebenfalls als grammatische Muster für die Adjektivendung "i" gedient haben, parallel zur Anhängung eines i mit der Bedeutung "ich". Zu untersuchen wären hier weitere Adjektive mit den genannten Endungen, wobei es um die Frage geht, handelt es sich ausschließlich um grammatische Endungen oder sind es echte Endsilben eines Satzes, die eine eigene Bedeutung haben, in der Funktion eines Prädikates (will) oder eines Adverbs (neu).

Kapitel 6

♦

Das Rätsel der Zahlen

Die wahre Bedeutung und die Herkunft der Zahlen scheinen gänzlich ungeklärt. In meinem Buch "Die Herkunft der Wörter - Eine Einführung in die Etymologie" habe ich die Auffassung vertreten, daß es sich bei den deutschen Zahlen von eins bis zehn ursprünglich um einen Abzählreim gehandelt haben könnte, in der Art wie es unter Kindern heute noch üblich ist. Ich bringe nun das Wesentliche aus Kapitel 8 des genannten Buches, in dem ich mich mit der Bedeutung der deutschen Zahlen befasse. Wenn man die analytische Methode der Etymologie anwendet, erhält man aus den altdeutschen Zahlen eins bis zehn einen Abzählreim:

Die Zahlen Schwäbisch	in Silben getrennt Schwäbisch	Neuhochdeutsch
ois	ois is	Ei(nes) ist
zwoi	ds wei	das weihe
drei	trei	treu
vier	fir	für(s)
fönf (feif)	veif	Weib
sechs	seh ich's	sehe ich's
siba	(s)iba	Eva
acht	acht	acht'
nei	(d)nei	das Neue
zea	ds Ea	das ist Ehe.

Es ist nun zu untersuchen, ob man aus den russischen Zahlen auch einen Abzählreim machen kann:

Die Zahlen Russisch	Lautschrift Russisch	in Wörter getrennt Altdeutsch	Neuhochdeutsch
один	odin	Odin	Odin
два	dwa	d'weih	die weih
три	tri	dr i	dir ich
четыре	tschetirie	des isch et ire	ist das nicht hier
пять	pjatj	weit	weit
шесть	schestj	Schest	Schönste
семь	sjemj	semi(a)	sind wir
восемь	wosjemj	wo sem	wo sind
девять	djewjetj	di wit	die willst Du
десять	djesjetj	ds eh	das ist die Ehe.

Hier geht es offenbar - wie vorher bei den deutschen Zahlen - um Liebesmagie. Ob dies stimmt oder es eine andere Erklärung gibt? Der russische Abzählreim erinnert an das Frage- und- Antwortspiel der Stiefmutter im Märchen von Schneewittchen.

Kapitel 7

♦

Der Zusammenhang von Sprache und Schrift im Russischen

Die Überlieferung nach der Nestorchronik

Im Jahr 898 sandte der mährische Fürst Rastislaw nach Konstantinopel um Hilfe. Seine Landeskinder waren nun zwar getauft, konnten aber die Bibel nicht lesen und nicht verstehen und wußten nicht, wie sie den neuen Glauben leben sollten. Zar Michael von Byzanz schickte daraufhin zwei Brüder, die aus Thessaloniki stammten und deshalb Altbulgarisch, das dem Mährischen ähnlich war, ziemlich gut verstanden. Konstantinos und Methodios schufen den Mährern eine Schrift, die die speziellen Laute des Mährischen in Zeichen darstellte - sie hieß die glagolitische Schrift - und übersetzten das Neue Testament aus dem Griechischen in die in Mähren gesprochene Sprache. Dabei legten sie eine Rechtschreibung fest, schufen neue Wörter, wo es diese in der Landessprache noch nicht gab und übernahmen Lehnwörter aus dem Griechischen. Auf diese Weise schufen sie eine neue Hoch- und Schriftsprache, das Kirchenslawische. Ich verweise hierzu auf Kapitel 9 meines Buches "Die Herkunft der Wörter - Eine Einführung in die Etymologie", wo dieses Phänomen beschrieben wird. Nachdem diese neue Sprache geschaffen war, konnte man den Mährern in einer ihnen verständlichen Sprache aus der Bibel vorlesen.

Was bedeutete dies für Rußland?

Das erste russische Reich entstand in der Gegend von Kiew. Um es vom zweiten Reich, das Moskau als Mittelpunkt hatte, zu unterscheiden, nennt man das erste Reich die "Kiewer Rus". 988 ließ sich Wladimir, Fürst der Kiewer Rus, taufen, heiratete eine byzantinische Fürstentochter und nahm den griechisch-orthodoxen Glauben an. Da das in Mähren entwickelte Kirchenslawisch der in Rußland gesprochenen Sprache ähnlich war, wurde es in der Kiewer Rus als Hoch- und Liturgiesprache eingeführt. Mit der Einführung des griechisch-orthodoxen Christentums und des Kirchenslawischen als Schriftsprache nahm das Land der Kiewer Rus eine andere Entwicklung als die Länder des lateinisch geprägten westlichen Teils des Abendlandes. Diese Eigenentwicklung führte zu einer slawisch geprägten Kultur und Zivilisation in Osteuropa. Was für eine Sprache wurde jedoch vor dieser Zeit in Osteuropa gesprochen? Diese Frage wird nachfolgend erörtert.

Die altüberlieferte Sprache

Solange eine Sprache nur gesprochen wird, jedoch keine Schriftsprache eingeführt ist, ändert sich Sprache über lange Zeiträume überhaupt nicht. In der Ahnenreihe weitergegeben, ist sie gegen äußere Einflüsse geschützt. Sobald jedoch eine Schriftsprache geschaffen wird, wie bei der Bibelübersetzung Martins Luthers das Neuhochdeutsche oder durch den Kirchenlehrer und "Slawenapostel" Kyrill (Methodios) das Kirchenslawische, existieren eine Zeitlang zwei Sprachen nebeneinander: Die alte gesprochene Sprache und die neu geschaffene Schriftsprache. Dies ist deshalb der Fall, weil zum Beispiel bei Bibelübersetzungen in eine bisher nur gesprochene

Sprache durch Festlegung einer Schreibweise und die Notwendigkeit der Schaffung neuer Wörter und Begriffe wo diese bei einer Übersetzung fehlen, sozusagen die Sprache neu oder eine neue Sprache entsteht. Ob die bisherige gesprochene Sprache erhalten bleibt, hängt davon ab, wie stark der Druck von oben und damit in Zusammenhang stehend, wie stark das Beharrungsvermögen des Volkes auf seine eigene Sprache ist. Wo das Beharrungsvermögen sehr stark war, konnten sich altdeutsche, indogermanische bzw. urslawische Mundarten noch lange, ja sogar bis in die heutige Zeit neben der neu eingeführten Schriftsprache halten.

Die Entstehung des modernen Russisch

Wenn wir im Lexikon nachschlagen, auf welche Weise und aus welchem Vorläufer sich Russisch entwickelte, werden wir auf Kirchenslawisch und Altostslawisch (im Gegensatz zu West- und Südslawisch) verwiesen. Kirchenslawisch wurde nur im Zusammenhang mit religiösen Riten gesprochen. Altostslawisch ist die Bezeichnung für die frühe Amts- und Verwaltungssprache. Forscht man im Lexikon (hier Wikipedia) bei Altostslawisch weiter, wird einem schnell klar, daß Altostslawisch die altüberlieferte Sprache sein muß, von der im vorigen Unterkapitel die Rede war. Für Altostslawisch gibt es auch die Bezeichnungen "Altrussisch", "Altukrainisch" und "Altweißrussisch"; dies sind die nationalen Bezeichnungen um keine dieser Nationalitäten zu benachteiligen, denn Altostslawisch war der Vorläufer dieser drei Sprachen. Als weitere Bezeichnung für diese Sprache findet sich "Altreußisch".

Das Phänomen des Bestehens zweier Sprachen nebeneinander in einer Gesellschaft unter der Voraussetzung, daß jeder Sprecher beide Sprachen spricht und in festgelegten Situationen jeweils die eine oder andere verwendet, bezeichnet man als "Diglossie". Die im vorhergehenden Unterkapitel beschriebene Zweisprachigkeit einer Gesellschaft ist also auch in der etablierten Sprachwissenschaft bekannt. Im vorliegenden Fall des "Altreußischen" dürfte es so gewesen sein, daß Altreußisch bzw. Altostslawisch gesprochen wurde, Texte jedoch auf Kirchenslawisch verfaßt wurden. Schriftzeugnisse, die auf Altostslawisch geschrieben sind, gibt es meiner Meinung nach nicht. Es gibt zwar einige alte weltliche Texte, zum Beispiel die Nestorchronik, die Altostslawisch sein sollen, aber doch in einer Art Kirchenslawisch verfaßt sind. Schriftzeugnisse in Altostslawisch kann es naturgemäß gar nicht geben, weil es die damals gesprochene Sprache war, man aber in einer anderen Sprache, dem Kirchenslawischen, schrieb. Schriftliche Beweise, daß es Altostlawisch gab, gibt es deshalb nicht. Es gibt überhaupt keine materiellen Beweise für diese Sprache. Man kann sich die einstige Existenz dieser Sprache jedoch durch logische Überlegung herleiten und insbesondere durch Analyse russischer Wörter, wie im alphabetischen Wörterverzeichnis dieses Buches geschehen.

Die gesprochene Sprache Altostslawisch existierte nun neben dem Kirchenslawischen her und die beiden Sprachen tauschten sich miteinander aus in der Weise, daß Ausdrücke aus dem Kirchenslawischen in das Altostslawische aufgenommen wurden und umgekehrt. Wann genau daraus das moderne Russisch entstand, wäre von der etablierten Wissenschaft noch zu klären. Meiner Meinung nach schöpfte das moderne Russisch in einem stetigen Prozeß aus der alten Volkssprache neue Wörter. Wie dies geschehen sein kann, erzählt das folgende Kapitel.

Kapitel 8

♦

Die Geschichte von Helge

Wie lange überdauerte die altüberlieferte Sprache in Rußland? Vielleicht sprach man sie ja bis in die heutige Zeit? Beweise hierfür gibt es nicht, denn Gesprochenes ist nur Schall. Um aber zu zeigen, wie diese Sprache in das moderne Russisch hineinwirkte, habe ich die folgende Erzählung geschrieben. Sie heißt "Helges Reise". Die Menschen in dieser Geschichte sprechen die altüberlieferte Sprache. Man kann sie Altdeutsch, Altostslawisch, Altrussisch, Altreußisch, Urslawisch oder vielleicht Indogermanisch nennen, auch Altukrainisch oder Altweißrussisch, je nachdem welcher Nationalität man selbst angehört, denn die meisten heutigen Sprachen Mittel- und Osteuropas stammen von ihr ab. Die Redewendungen habe ich aus dem Wörterverzeichnis entnommen und in einen passenden Zusammenhang gestellt. Für diejenigen Leser, die Altdeutsch nicht verstehen, habe ich im Anschluß an die altdeutschen Sätze die neuhochdeutsche Übersetzung eingefügt.

Helges Reise

Vorbemerkung

Helge ist Ausländer und befindet sich auf einer Reise nach Moskau. Weil er kein Russisch spricht und sich unterwegs nicht verständigen kann, hat er sich einem russischen Ehepaar angeschlossen. Die beiden heißen Sergej und Ludmilla. Unterwegs hört Helge zu, was gesprochen wird. Die Wörter, die er glaubt erraten zu haben, schreibt er untereinander in ein Vokabelheft, seine - nicht immer richtige - Deutung schreibt er rechts daneben.

Seit Stunden fährt die wackelige Kutsche auf einem ausgefahrenen Fahrweg dahin. Die Dunkelheit ist hereingebrochen. In der Steppe ertönt hin und wieder unheimliches Wolfsgeheul, mal näher, mal ferner. Im Mondschein ist die Landschaft gut zu erkennen. Helge hat sich zum Kutscher auf den Kutschbock gesetzt. Die beiden Männer halten Ausschau nach einer Unterkunft für die Reisenden. Beide haben Gewehre zwischen den Knien halten, um bei einem Angriff der Wölfe sofort schießen zu können. Müde lehnt Ludmilla im Innern des Fahrzeugs in einer Ecke. Sergej sitzt neben ihr. Ab und zu fragt er aus dem Innern der Kutsche: "Ist wo Haus?" Aber nirgends ist eine menschliche Behausung zu erkennen.

Da endlich deutet der Kutscher mit der Hand nach vorn. Er sagt: "Dâ isch a Dorf" (sw), auf neuhochdeutsch "Da ist ein Dorf".

Helge erkennt Bäume, die das Dorf umgeben und sich bei Nacht vor dem Horizont deutlich abzeichnen. Häuser sieht er noch nicht. Er merkt sich von dem gehörten Satz das letzte Wort, das Substantiv "Dorf", um es später in Konsonantenschreibweise in sein Wörterheft zu schreiben, also folgendermaßen: "drf" bzw. "drw". Den dazugehörenden Begriff rät er falsch. Er rät "Baum". Später mit neuen Vokalen wird daraus: Дерево (Djerjewo - Baum).

Einige Zeit später haben die Reisenden das Dorf erreicht. Es ist alles still. Nirgendwo leuchtet mehr ein Licht. Der Gasthof hat schon geschlossen. Sergej klopft laut und anhaltend an die Tür. Es rührt sich niemand. Sie rufen "Hallo!" Nach einer Weile macht ein verschlafen aussehender Stallknecht auf. Er läßt sie eintreten und fragt, was sie wollen. Ludmilla fragt, wo der Wirt ist. Der Bediente sagt mürrisch: "(Im) Bett isch er scho" (sw), auf neuhochdeutsch "Er ist schon im Bett!"

Helge merkt sich den Satz und schreibt ihn später in sein Wörterheft: вечер (wjetschr - Abend). Er hat ihn jedoch falsch verstanden. Er meint, der Mann hätte statt der Auskunft, daß der Wirt schon schläft, eine Bemerkung über die späte Stunde gemacht. Er notiert diesen Satz "Im Bett isch'r" als Begriff für Abend.

Der Kutscher spannt die Pferde aus und bringt sie in den Stall. Der Stallknecht zeigt den Reisenden die Unterkunft.

"Kalt", sagte Ludmilla. Da macht er Feuer im Ofen und deutet auf Flaschen, Schüsseln und Fleischtöpfe auf einer Anrichte: "Dâ schtat ... Essa" (sw)", auf neuhochdeutsch "Da steht ... Essen". Er meint damit "holt Euch selber, was ihr wollt." Damit zieht er sich zurück.

Helge notiert in sein Heft, was er meint, verstanden zu haben. In diesem Fall fälschlich die Vokabeln "достать" (dostatj - sich verschaffen), anstatt "da steht" und "голод" (golad - Hunger), das zwar in etwa wie "kalt" klingt, jedoch schreibt er es mit einer anderen Bedeutung, nämlich Hunger.

Die Reisenden nehmen sich von dem Essen, setzen sich an den Tisch in der Gaststube und essen zu Abend. Anschließend gehen sie in die zugewiesenen Zimmer.

Am nächsten Tag fahren sie weiter durch die Steppe. Endlos und öde liegt das Land. Um die Mittagsstunde sehen sie vor sich auf dem Fahrweg eine Staubwolke. Als sie sie erreichen, treffen sie auf einen Hirten, der eine Herde Kühe treibt. Manche Tiere bleiben stehen, um am Wegrand zu fressen. Der Hirte hat eine Weidengerte dabei. Mit Schlägen und dem Ruf "weidr", "weidr", "weidr".... (sw), auf neuhochdeutsch "weiter", bringt er stehengebliebene Kühe wieder auf den Weg. Helge sitzt mit dem

Kutscher auf dem Bock und beobachtet alles. Da der Hirte zwischen den einzelnen Wörtern keine Pause macht, hört Helge statt "weidr, weidr..." die Worte "dawei, dawei..." Er rät die Bedeutung richtig mit "los, los" oder "voran, voran", schreibt aber die zweite Silbe vor der ersten und hat das r von weiter überhört: давай (dawai - aufgeht's, los, voran).

An diesem Tag kommen sie früher als am Vortag in ein Dorf. Der Kutscher tränkt die Pferde am Brunnen und hängt ihnen Futtersäcke um den Hals. Die Reisenden sind ausgestiegen und schauen sich um. Es stellt sich heraus, daß es in dem Dorf kein Gasthaus gibt.

Ein Mann kommt vorbei. Er stellt sich mit Namen Iwan vor. Iwan fragt, ob die Reisenden eine Unterkunft suchen? Als sie bejahen, lädt er Sergej, Ludmilla und Helge zu sich nach Hause ein. Es ist nicht weit. Iwan geht voraus. Der Kutscher führt die Pferde am Zügel. Bei einem Haus bleibt Iwan stehen, deutet darauf und sagt: "Dâ ben i dahoam." (sw, bay), auf neuhochdeutsch "Da bin ich daheim".

Helge hat sich nur das Wort "dahoam" am Schluß des Satzes merken können. Aus den von Iwan gemachten Gesten schließt er, Iwan hätte gesagt "Das ist mein Haus." Er notiert: дом (doam - Haus).

Die Reisenden treten in das Haus und treffen dort auf die Familie Iwans. Iwan deutet auf seine Frau und seine Kinder. Er sagt: "Semi(r) ja", (sw), auf neuhochdeutsch "Sind wir ja". Helge schreibt auf: семья (semja - Familie).

Iwan stellt nun seine Frau vor. Sie heißt Anastasia.

Anastasia zeigt auf Iwan und sagt: "Mei Mâ isch" (sw), auf neuhochdeutsch "Dies ist mein Mann."

Helge schreibt auf: мой муж (moi Musch - mein Ehemann).

Iwan deutet nun auf seine hübsche Ehefrau Anastasia und sagt stolz: "Mei Scheana" (sw), auf neuhochdeutsch "Meine Schöne".

Helge schreibt in sein Heft: мая жена (maja Schena - meine Ehefrau).

Es klopft an der Haustüre. Nachbarn kommen vorbei, um die Fremden zu sehen. Iwan erklärt, daß das keine Verwandten sind, sondern Leute, die nur manchmal kommen und mit denen sie Kontakt haben: "(zu) os nâ kom" (sw), auf neuhochdeutsch "Sie kommen zu uns hin".

Helge schreibt, was er hörte und behalten konnte: знакомые (snakomüie - Bekannte).

Anastasia hat inzwischen den Tisch gedeckt. Sie hat Brot, Salz, Sauermilch, Butter und Fleisch sowie Wasser auf den Tisch gestellt, dazu Teller, Besteck und Gläser. Freundlich bittet sie die Gäste, sich an den Tisch zu setzen: "Kommat zom Tisch, (wo) isch alles dâ: A Lâib Brot ond saure Milch..." (sw), auf neuhochdeutsch "Kommt zu Tisch, es ist alles serviert: Ein Laib Brot und Sauermilch..."

Helge konnte sich nur einen Teil des Satzes merken. Statt "wo isch alles da" schreibt er: пожалуйста (poschalsta - bitte). Bei "a Lâib Brot" hat er sich nur "Laib" für "Brot" merken können. Bei "saure Milch" hat er sich nur das Adjektiv sauer = süir notiert, nicht aber das Hauptwort Milch dahinter, weil er dachte, frische Milch stehe auch auf dem Tisch und darauf beziehe sich das Wort. Dann hat er "saure (Milch)" in der Bedeutung für Quark als Begriff für Käse allgemein übernommen. Er notiert: хлеб (chleb - Brot), сыр (süir - Käse).

Es wird zu Abend gegessen. Nach dem Essen schickt Anastasia die Kinder zu Bett, mit den Worten: "Ab en's Bett, s'isch spät" (sw), auf neuhochdeutsch "Ab ins Bett, es ist spät".

Helge merkt sich das letzte Wort "s(ch)pät" und schreibt auf: спать (spatj - schlafen). Er glaubt, das Wort hieße "schlafen", weil auf dieses Wort die Kinder ins Bett gingen.

Spielkarten werden ausgeteilt. Helge, Sergej, Ludmilla, Iwan und Anastasia spielen. Der Kutscher hat sich im Stall auf das Stroh schlafen gelegt und die Kinder schlummern im

Nebenzimmer. Während des Spieles dreht sich die Unterhaltung um das Zeitgeschehen. Iwan interessiert sich für das, was die Reisenden unterwegs gesehen haben. Er fragt, was es zum Beispiel in Smolensk Neues gibt: "Was isch nui?" (sw), auf neuhochdeutsch "Was ist neu?"

Helge hat nur verstanden, daß Iwan nach etwas Bedeutsamem gefragt hat. Er versteht den Satz "was-sch-nui" als ein Wort und notiert dahinter "wichtig": важный (waschnüi - wichtig, bedeutsam).

Iwan hat ein Gerücht gehört, das er bestätigt wissen möchte: "I mecht wissa, ob 's so schtat?" (sw), auf neuhochdeutsch "Ich möchte wissen, ob es so steht?"

Helge begreift, daß Iwan etwas besprechen will, er merkt sich "obsuschdat" und schreibt "erörtern" als Bedeutung dazu: обсуждать (obsuschdatj - erörtern).

Man spricht vom Krieg. Anastasia erzählt, was sie selbst gehört hat und sagt: "Es isch zum Weina" (sw), auf neuhochdeutsch "Es ist zum Weinen."

Helge weiß, daß nun vom Krieg gesprochen wird. Das in diesem Zusammenhang fallende neue Wort "weina" notiert er in sein Heft und daneben das Wort Krieg: война (waina - Krieg).

Iwan will nun weiterspielen. Er fordert Anastasia auf, nicht so viel zu erzählen, sondern endlich eine Karte auf den Tisch zu legen: "(Du) bisch drâ." (sw), auf neuhochdeutsch "Du bist dran."

Sie legt eine Karte auf den Tisch. Helge hat statt "Du bisch drâ!" nur "Bischdro", verstanden. Er meint, Iwan hätte gesagt, sie solle sich mit dem Karten-auf-den-Tisch-legen etwas beeilen. Deshalb notiert er hinter "bischdro" das Wort "schnell": быстро (büistro - schnell).

Iwan spricht weiter über den Krieg. Er klagt "Frieda net isch da." (sw), auf neuhochdeutsch "Der Friede ist nicht da".

Helge versteht, daß die Dorfbewohner auf Frieden und damit bessere Zeiten hoffen und schreibt Hoffnung hinter den Satz "Frieda net isch dâ": надежда (nadjeschda - Hoffnung).

Am nächsten Morgen klopft Anastasia an die Tür des Zimmers, in dem die Reisenden schlafen. Sie ruft: "s'is auftraga!" (sw/altd), auf neuhochdeutsch "Es ist aufgetragen." Helge versteht, daß Anastasia ihn auffordert, zum Frühstücken zu kommen.

Es gibt Frühstück. Alle sitzen am Tisch und essen. Helge schreibt sich schnell den gehörten Satz auf und dahinter "frühstücken": завтракать (saftrakatj - frühstücken).

Sergej fragt: "Iwan fu(r)t isch, ist wo?" (sw), auf neuhochdeutsch "Iwan ist fort, wo ist er?"

Anastasia erzählt, daß Iwan fortgegangen ist um sich zu erkundigen, welcher Weg für die Kutsche am besten befahrbar ist. Helge hat nur mitbekommen, daß Iwan wohl verreist ist und schreibt in sein Wörterheft hinter "fut-isch-ist-wo" das Wort "Reise": путешествие (puteschestwie - Reise).

Sergej und Ludmilla sprechen nun über die bevorstehende Tagesetappe. Es geht darum, wo man zu Mittag ißt und am Abend absteigt. Sergej fragt: "Haus ist wo?"

Wieder hat Helge den Sinn zwar verstanden, den Begriff aber falsch. Er schreibt hinter den Satz "Haus ist wo" "Wirtschaft": хозяйство (chasjaistwo - Wirtschaft).

Das Ehepaar ist in die Kutsche eingestiegen. Helge setzt sich wieder zum Kutscher auf den Bock. Der Kutscher knallt mit der Peitsche. Nun ziehen die Pferde an, das Gefährt setzt sich ratternd in Bewegung.

Das letzte Haus des Dorfes gleitet vorbei. Vor ihnen breitet sich eine von einzelnen Baumgruppen bewachsene Steppe aus. Etwas entfernt sehen sie einen Menschen. Der Kutscher ruft: "Dâ gaht Iwan "(sw), auf neuhochdeutsch "Da geht Iwan."

Helge versteht es so, daß er rät, wer es ist. Als sie näher kommen, sehen sie, daß es tatsächlich Iwan ist. Er schreibt hinter "Dâ gaht" das Verb "erraten" bzw. "erahnen": догадаться (dogadatsja - erraten, erahnen).....

Als Helge in Moskau ankommt, umfaßt das Wörterheft schon einige Seiten. Er lernt hier andere Ausländer kennen, die ebenfalls bestrebt sind, Russisch zu lernen. Mit ihnen tauscht er sich über die Bedeutung aus und ergänzt fehlende Wörter. Mit der Zeit entsteht auf diese Weise ein komplettes Wörterbuch. Reisende aus dem Ausland hatten als erste Bedarf an russischen Wörterbüchern und stellten sie deshalb selbst zusammen.

Es folgt ein Auszug aus Helges Wörterheft:

вечер	Abend
дом	Haus
достать	sich verschaffen
семья	Familie
муж	Ehemann
голод	Hunger
жена	Ehefrau
сыр	Käse
знакомые	Bekannte
пожалуйста	bitte
хлеб	Brot
давай	los, aufgeht's, wohlan
важный	wichtig, bedeutsam
обсуждать	erörtern
война	Krieg
быстро	schnell
надежда	Hoffnung
завтракать	frühstücken
путешествие	Reise
хозяйство	Wirtschaft
спать	schlafen
догадаться	erraten, erahnen
дерево	Baum

Kapitel 9

♦

Geschichtliche Begebenheiten

Dieses Kapitel soll den Leser in die Lage versetzen, sich selbst der geschichtlichen Ereignisse zu vergegenwärtigen, die die Entstehung und Entwicklung der russischen Sprache maßgeblich prägten. So gab es in Rußland immer wieder Zeiten, wo Einflüsse aus dem Ausland die Entwicklung der Kultur und den Verlauf der Geschichte mitbestimmten. Schon die Gründung des ersten russischen Staates soll durch die Anregung oder Intervention ausländischer Kriegerkaufleute erfolgt sein:

Der Überlieferung nach suchten schwedische Kriegerkaufleute im 9. Jahrhundert nach Christus eine Reiseroute von der Ostsee über die Flußläufe Düna, Newa, Lovat, Dnjepr, Don und Wolga ins Schwarze Meer und bis nach Byzanz, wo sie Waren tauschen und Handel treiben wollten. In russischen Landen trafen diese Wikinger (auch Waräger genannt) auf die dort lebenden Stämme. Um die Wasserwege zu sichern, unterwarfen sie diese und machten sie im Jahre 859 tributpflichtig. 862 erhoben sich die Stämme, jagten die Wikinger übers Meer zurück und verweigerten den Tribut. Danach regierten sie sich eine kurze Zeitspanne selbst. Dies ging nicht gut. Es entstanden Fehden zwischen den Sippen und Krieg brach aus. Vertreter der Stämme reisten nun über's Meer nach Schweden und trugen den dortigen Warägern die Regentschaft über sie an, damit es unter den regionalen Fürsten keine Streitigkeiten untereinander wegen einer

Machtübernahme geben sollte. Diese Waräger nannten sich "Rus". In der Folge wurde im Jahr 862 ein Waräger namens Rjurik Fürst in Ladoga in Nordrußland und gründete die Stadt Nowgorod. Er vergrößerte sein Herrschaftsgebiet, ließ neue Städte gründen und setzte dort Gefolgsleute als Statthalter ein. Nach Rjuriks Tod wurde ein Verwandter von ihm zum Vormund über Rjuriks kleinen Sohn Igor bestellt. Dieser Mann hieß Helgi. Helgi zog im Jahr 882 mit seinem Gefolge nach Süden, eroberte unter anderem die Stadt Smolensk und schließlich auch die Stadt Kiew. Er weitete auf diese Weise das Staatsgebiet erheblich nach Süden aus. Kiew wurde nun Hauptstadt des ersten russischen Staates. Man nennt ihn heute zur Unterscheidung vom zweiten russischen Staat "Kiewer Rus'". Diese Begebenheiten um Rjurik und Helgi sind in der sogenannten "Nestorchronik" überliefert. Archäologische Beweise oder Quellenfunde hierfür gibt es nicht.

Die erste Dynastie, die Rußland regierte, nennt man nach dem Staatsgründer Rjurik "Rurikiden". Unter Fürst Wladimir dem Heiligen nahm die Kiewer Rus im Jahre 988 den christlichen Glauben an. Fürst Wladimir vermählte sich mit der Tochter des byzantinischen Kaisers und verband sich auf diese Weise dauerhaft mit dem oströmischen Byzanz. In diesem Zusammenhang übernahm Rußland Altkirchenslawisch als Schriftsprache. Diese Neuerung führte zum Beginn der slawischen Kultur in Rußland. Die Kiewer Rus bestand etwa 260 Jahre. Sie erlebte unter Jaroslaw dem Weisen ihre Blütezeit. Nach dem Tod des letzten Großfürsten von Kiew, Wladimir Monomach, im Jahre 1125, zersplitterte das Reich in mehrere Teilfürstentümer und fiel im 13. Jahrhundert dem Mongolensturm zum Opfer.

Die Goldene Horde regierte nun Rußland zwei Jahrhunderte lang. Es mußten Tribute gezahlt und Hilfstruppen gestellt werden. Der stärkste und zuverlässigste der russischen Fürsten wurde vom

Khan zum Großfürsten ernannt und war für die Eintreibung und Ablieferung der Tribute zuständig. Russische Fürsten spielten sich nun gegenseitig aus und verbündeten sich gegeneinander mit dem Khan. Das Fürstentum Moskau taktierte dabei am erfolgreichsten und konnte sich am Ende an die Spitze der Teilfürstentümer setzen und den Kampf gegen die Mongolen aufnehmen. 1380 besiegte Dimitri Donskoi die Mongolen bei der Schlacht auf dem Schnepfenfeld. 1382 konnten diese ein letztes Mal Moskau erobern, auch 1408/1409 kam es noch zu tatarischen Einfällen ins Großfürstentum. 1480 jedoch endete die Mongolenherrschaft. Während der Tatarenzeit kamen die Beziehungen Rußlands zu Mittel- und Westeuropa zum Erliegen, weil eine eigenständige Außenpolitik naturgemäß nicht möglich war. Rußland entfernte sich dadurch für Jahrhunderte vom Westen. Die Mongolen hinterließen auch noch ein anderes Erbe, Herrschaftsmittel, die einen modernen Staat auszeichnen: Volkszählungen, ein funktionierendes Steuersystem und ein Katasterwesen. Diese Mittel waren für Zwecke der lückenlosen Tributerhebung eingeführt worden.

Konstantinopel (Byzanz), das Zentrum der orthodoxen Christenheit, fiel 1453 nach langjähriger Belagerung an die Türken und wurde zerstört. Großfürst Iwan III. von Moskau (1440 - 1505) nahm viele Flüchtlinge von dort auf. 1469 heiratete er die Nichte des letzten Zaren von Byzanz und rief sich nach Freiwerden des Zarentitels nun selbst zum Zaren aus. Er betrachtete sich nun als rechtmäßiger und einziger Erbe von Byzanz.

1547 wurde Iwan IV. sechzehnjährig als erster Rurikide unter Beachtung des byzantinischem Ritus offiziell zum Zaren gekrönt. Gleich zu Beginn seiner Amtszeit initiierte er militärische und administrative Reformen. Er schuf ein neues Gesetzbuch, gründete das erste russische Parlament, stärkte die kommunale

Selbstverwaltung und gründete die Palastwache der Strelitzen. Diese rüstete er mit Feuerwaffen aus. Diese Reformen ermöglichten ihm zunächst bedeutende militärische Erfolge. Bedingt durch die fortdauernde Bedrohung des Großfürstentums Moskau durch Tatareneinfälle wurde zunächst ein Feldzug gegen das Khanat Kasan unternommen und die dortigen Bewohner zum Übertritt zum Christentum gezwungen (1552). 1556 wurde auch das Khanat Astrachan erobert. Diese Gebietsgewinne machten den Weg frei für die spätere Eroberung von Gebieten östlich des Urals und schließlich ganz Sibiriens. Iwan machte sich nun jedoch an die Eroberung Livands, um Rußland einen Zugang zur Ostsee zu sichern. 1558 traten Polen-Litauen und Schweden in diesen Krieg mit ein. Rußland errang Erfolge und erlitt auch wieder Verluste. In seinem langen Verlauf ruinierte der Livlandkrieg die Wirtschaft Rußlands und ließ die bäuerliche Bevölkerung verarmen. Auch in der Innenpolitik hatte Iwan IV. keine glückliche Hand mehr. Er war unausgeglichen, litt unter Verfolgungswahn, war zeitweise extrem gewalttätig und sinnlos grausam gegenüber vermeintlichen und wirklichen Gegnern. Ein besonders schlimmer Vorfall ereignete sich im Jahr 1581. In einem eigentlich bedeutungslosen Streit erschlug der Zar den Kronprinzen Iwan. Iwan IV. hatte nun nur noch einen lebenden Sohn: Den schwachsinnigen Fjodor. Iwan IV., genannt "der Schreckliche", starb 1584.

Die Regentschaft für den regierungsunfähigen Zaren Fjodor übernahm der Adelige Boris Godunow (1552-1605). Zar Fjodor starb kinderlos im Jahre 1598. Er war der letzte Rurikide auf dem Zarenthron. Nach dessen Tod ließ sich Boris Godunow selbst zum Zaren ausrufen und am 1. September 1598 krönen. Es begann eine "Zeit der Wirren" (russisch "Smuta"), die sich später durch die Intervention der Nachbarländer noch verschärfte. Russische Adelige verdächtigten nämlich Godunow der Ermordung von Dimitri, eines Sohnes von Iwan IV. 1605 besetzten die Polen Moskau. In dieser Zeit starb Boris Godunow. Sein Sohn Fjodor bestieg am 13. April 1605 sechzehnjährig den Thron. Am 1. Juni dieses Jahres stellten die Moskowiter, aufgehetzt durch einen russischen Hochstapler, der sich als Dimitri ausgab, Zar Fjodor unter Arrest. Dimitri wurde als Dimitri Iwanowitsch zum neuen Zaren ausgerufen. Am 20. Juni wurde Fjodor auf Verlangen Dimitris ermordet. Darauf brach ein Volksaufstand aus. Der falsche Dimitri wurde nun ebenfalls ermordet. Ihm folgte der Bojar Wassili Schuiski, der die Unterstützung der Schweden hatte. Abermals jedoch tauchte ein falscher Dimitri als angeblicher Sohn Iwans IV. auf, der in Tuschino eine Gegenregierung unterhielt. Mit der Unterstützung der Schweden konnte Wassili den falschen Dimitri besiegen. 1610 stürzten die Polen Wassili. Sie brachten den polnischen Kronprinzen Wladyslaw auf den Zarenthron. Wladyslaw wurde nicht allgemein anerkannt und schließlich von seinem Vater Sigismund desavouiert. 1612 beendete ein Volksaufstand die Fremdherrschaft. 1613 wurde der erste Romanow, Michail I., durch eine Reichsversammlung zum Zaren gewählt. Michails Großvater Nikita Romanowitsch war der Bruder von Anastasia Romanowna, der ersten Gattin Iwans IV. Die Zeit der Wirren hat Friedrich Schiller in seinem Dramafragment "Demetrius" verarbeitet.

Als bedeutendster Romanow gilt Peter der Große. Der Enkel Michails I. wurde 1672 geboren, Bereits 1682 wurde er Zar von Rußland, ab 1694 regierte er als Alleinherrscher. 1694 machte er eine Reise durch mehrere Teile des Reichs, um das Land und seine Bewohner kennenzulernen. Anschließend begann er einen Krieg gegen das Krim-Khanat. Kriegsziel war der Zugang zum Schwarzen Meer, hauptsächlich die Gewinnung eines Schwarzmeerhafens für eine noch zu bauende russische Flotte. In diesem Zusammenhang eroberte Peter 1796 die osmanische Festung Asow nahe der Donmündung und gründete 1698 die erste russische Marinebasis in Taganrog am Asowschen Meer. Peter hatte als Junge viel Kontakt zur Ausländervorstadt Moskaus und lernte dort westliche Lebensweise und Zivilisation kennen. Als er Zar geworden war, war er bestrebt, Anschluß an den Westen zu gewinnen. Zu diesem Zweck machte er von 1697 bis 1698 inkognito eine Bildungsreise nach Westeuropa, wo er sich auch im Schiffsbau fortbildete. Er importierte anschließend alles an Wissen, was er dort kennenlernte, auf dem Gebiet der Staatsverwaltung, dem Militär, der Kultur, der Mode und der Technik. Dazu holte er ausländische Fachleute, Sachverständige und Studenten ins Zarenreich. Peter besuchte auf seiner Reise in offizieller Mission auch Höfe und Herrscherhäuser. Doch nirgends fand er Unterstützung in seinem Anliegen, dem Kampf gegen das osmanische Reich. Damit zerschlug sich seine Hoffnung auf Gewinnung eines Schwarzmeerhafens. Peters Interesse richtete sich nun auf die Ostsee. 1700 begann der Große Nordische Krieg. Rußland mit Sachsen-Polen und Dänemark-Norwegen kämpften gegen das Schwedische Reich um die künftige Vorherrschaft im Ostseeraum. 1703 gründete Peter Sankt Petersburg. 1709 errang Peter seinen bedeutendsten Sieg im Großen Nordischen Krieg gegen die Schweden bei der Schlacht bei Poltawa. Dieser Sieg machte jedoch die Osmanen mißtrauisch und trug Peter 1710 die Kriegserklärung durch Sultan Ahmed III. ein. Peter wandte sich nun gegen die Osmanen und wurde von diesen im rumänischen Huşi an der Pruth eingekesselt. Zwar durfte er frei abziehen, mußte jedoch in der Folge die Festung Asow und seine Schwarzmeerflotte wieder aufgeben. 1712 heiratete er Martha Skawronskaja, die spätere Zarin Katharina I. Von 1716 bis 1717 unternahm er eine weitere Reise nach Mittel- und Westeuropa, die ihn an verschiedene Fürstenhöfe und auch in Bäder führte. 1718 gab es einen Konflikt mit seinem Sohn Alexej, dem dieser zum Opfer fiel. Der Große Nordische Krieg dauerte indessen mit verschiedenen Feldzügen und Eroberungen an. Erst 1721 endete der Krieg für Rußland mit dem Friedensvertrag von Nystad. Rußland erhielt vertraglich von den Schweden Livland, Estland, Ingermanland sowie einen Teil Kareliens, mußte jedoch seinen Teil Finnlands abtreten und Schweden 2 Millionen Reichstaler an Reparationen leisten. Rußland gewann durch diesen Frieden einen breiten Zugang zur Ostsee. Peter nannte sich nun Kaiser von Rußland und wählte hierzu den Titel "Imperator", einen Titel, den alle späteren Zaren trugen. 1722 änderte er die Thronfolge. Ab nun konnten Zaren den Nachfolger frei bestimmen. 1724 errichtete er die erste Russische Akademie der Wissenschaften. Peter starb 1725 ohne ein Testament zu hinterlassen in Sankt Petersburg.

Ihm folgte seine Frau Martha als Katharina I. auf den Zarenthron. Sie regierte von 1725 bis 1727. Nach Peter II. (Sohn Alexejs) und Anna Iwanowna (Tochter Iwans V.) folgte Katharinas I. Tochter Elisabeth. Sie regierte von 1741 bis 1761. In Elisabeths Herrschaft fiel der Siebenjährige Krieg Rußlands und seiner Verbündeten Frankreich und Österreich gegen Preußen und England. Mit ihrem Tod endete dieser Krieg. Elisabeth war unverheiratet und kinderlos geblieben. Als Thronfolger wurde ihr Neffe, der Sohn Annas, einer Tochter von Katharina I. und Peter dem Großen bestimmt. Dieser Neffe war Karl Peter Ulrich von Schleswig-Holstein-Gottorp.

Zu Beginn des Jahres 1744 reiste die fünfzehnjährige deutsche Prinzessin Sophie Auguste Friederike von Anhalt-Zerbst zusammen mit ihrer Mutter nach Sankt Petersburg. Sie heiratete dort ihren Cousin Karl Peter Ulrich von Schleswig-Holstein-Gottorp, den späteren Peter III. Am 09.07.1762 ließ sie sich nach einem Staatstreich selbst zur russischen Zarin ausrufen. Katharina wurde in Stettin/Pommern geboren. Vor ihrem Machtantritt bereitete sie sich auf ihre Zeit als Zarin gründlich vor. Sie las viel, vor allem philosophische und staatstheoretische Werke, und lernte sogleich nach ihrer Ankunft in Rußland mit Eifer und

Zielstrebigkeit Russisch. Die Oberschicht Rußlands sprach in jener Zeit übrigens Französisch. Nach ihrem Amtsantritt schuf Katharina eine landesweit einheitliche Verwaltung, eröffnete Schulen im gesamten Reich, führte eine Armenfürsorge ein, erließ ein neues Gesetzbuch und begann mit der Ansiedlung deutscher Bauern im Wolgagebiet. Außenpolitisch hatte sie große Erfolge. Aufgrund der drei Teilungen Polens kamen während ihrer Regierungszeit eine Million Quadratkilometer zu Rußland hinzu. Katharina konnte in zwei Kriegen gegen die Türken einen Teil der Schwarzmeerküste, die Südukraine und die Krim unter russische Kontrolle bringen. Nun konnte die ersehnte Schwarzmeerflotte gebaut werden. Die Rückeroberung Konstantinopels für die Christenheit gelang ihr jedoch nicht. Dies hätte Rußland freien Zugang zum Mittelmeer ermöglicht. Mit dem Vorhaben der Rückeroberung von Konstantinopel, Katharinas "griechischem Projekt", war der Plan zur Wiedererrichtung des byzantinischen Reiches unter russischer Herrschaft verbunden. Katharina starb im Jahr 1796. Als einzige Herrscherin erhielt sie den Beinamen "die Große".

Auf Katharina folgte ihr Sohn Paul (geb. 1754) auf den Zarenthron. Paul I. machte einen Teil der innenpolitischen Reformen Katharinas wieder rückgängig und verärgerte den Adel, unter anderem in dem er die Dienstpflicht des Adels faktisch wieder einführte. Paul I. änderte auch die Thronfolge wieder. Er schloß Frauen aus und führte die Primogenitur wieder ein. 1801 wurde er im Zusammenhang mit einem Amtsenthebungsverfahren ermordet.

Pauls I. Sohn Alexander I. regierte von 1801 bis 1825. Er machte sich einen Namen als Bezwinger Napoleons. Nach dem für Napoleon äußerst verlustreichen und verlorenen Rußlandfeldzug setzte Alexander den sich zurückziehenden Truppen Napoleons nach und marschierte mit seinen Verbündeten im März 1814 in

Paris ein. Napoleon wurde abgesetzt und nach Elba verbannt. Alexander setzte nun in Europa auf eine ausgleichende, versöhnende und restaurative Politik. In seiner Regierungszeit begannen jedoch in Rußland die sozialen Spannungen und die Unzufriedenheit aufgrund des Bekanntwerdens der Ideen der französischen Revolution. Der Einmarsch russischer Soldaten in Paris steigerte die Unzufriedenheit, denn er machte diese mit der westlichen Zivilisation, mit dem wesentlich höheren Lebensstandard, politischen Freiheiten und weiteren kulturellen Errungenschaften bekannt, worüber sie nach ihrer Heimkehr berichteten. Alexanders zunächst reformorientierte Politik änderte sich nun, da er davon überzeugt blieb, daß Monarchen im göttlichen Auftrag handelten. Seine Innenpolitik wurde fortschrittsfeindlich und repressiv. Alexander starb 1825 überraschend in Taganrog an einem Fieber. Bis heute halten sich Gerüchte, daß sein dortiger Tod vorgetäuscht worden sei und er des Regierens leid sein Leben als Einsiedler fortsetzte.

Alexanders Bruder Nikolaus, geb. 1796, wurde der nächste Zar. Nikolaus war - wie vorn erwähnt - mit Charlotte von Preußen verheiratet, eine Verbindung, die sowohl der Festigung des Bündnisses zwischen Rußland und Preußen dienen sollte, als auch eine Liebesheirat war. Zu Beginn der Regierung Nikolaus I. fand der Dekabristenaufstand statt, der von ihm niedergeschlagen wurde. Nikolaus baute daraufhin ein autoritäres Regime auf und sah sich europaweit als Verteidiger der Monarchie. Er belebte die Heilige Allianz zwischen Preußen, Österreich und Rußland neu. Außenpolitisches Ziel war die Eroberung der Türkei, in Rußland "Orientalischer Krieg", in Deutschland "Krimkrieg" genannt. Die europäischen Mächte Frankreich, England und das Königreich Sardinien griffen hier 1853 zugunsten der Türkei ein. Ihr Ziel war, ein zu großes Erstarken Rußlands zu verhindern. In diesem Krieg zeigte sich, daß Rußland waffentechnisch und wirtschaftlich nicht auf der Höhe der Zeit war. Noch vor Ende der

Kämpfe starb Nikolaus I. im Jahr 1855. Er konnte das "Griechische Projekt" seiner Großmutter nicht vollenden.

Sein Sohn, Alexander II. (1818-1881), übernahm die Macht. Nach dem Fall Sewastopols erkannte Alexander, daß der Krimkrieg nicht mehr zu gewinnen war. Daraufhin wurde der "Frieden von Paris" geschlossen. Das Schwarze Meer wurde für neutral erklärt und entmilitarisiert. Rußland durfte aufgrund der Pariser Vereinbarung nur noch eine sehr kleine Flotte unterhalten. Alexander stieß nun weitreichende Reformen an, mit der die russische Gesellschaft wieder Anschluß an Westeuropa bekommen sollte. In diesem Zusammenhang schaffte Alexander die Leibeigenschaft ab (1861). Die russischen Bauern erhielten ein Nutzungsrecht auf den bisher von ihnen bewirtschafteten Böden, mußten jedoch dafür einen Pachtzins an den Grundherrn zahlen. Sie konnten die Grundstücke auch ablösen, wobei der Staat sich um die Finanzierung kümmerte. Da nun viele russische Adelige in kürzester Zeit ruiniert waren, brachte die Reform zunächst nicht das, was man sich davon erhoffte. Weder Adelige noch Bauern waren zufrieden. Die Gegensätze verstärkten sich noch. Während Alexanders Regentschaft breiteten sich kommunistische und nihilistische Ideen aus, der Panslawismus erstarkte. Im Jahr 1866 wurde ein erstes Attentat auf den Kaiser verhindert. In dessen Folge wurden Zensur und Überwachungsmaßnahmen in Rußland wieder eingeführt. Alexander bemühte sich jedoch weiterhin um innenpolitische Reformen, um sein Reich zu modernisieren. Alexander verhielt sich im Krieg 1866 zwischen Preußen und Österreich neutral, 1870 verhinderte er die Einmischung Österreichs in den deutsch-französischen Krieg, indem er Truppen in Galizien stationierte. Alexander hielt zu Preußen und später zum Deutschen Reich, auch weil seine Mutter eine preußische Königstochter war und viele seiner engsten Verwandten Deutsche waren. Er erhoffte sich jedoch im Gegenzug eine Unterstützung Deutschlands bei seiner

Balkanpolitik. 1873 wurde das Dreikaiserabkommen zwischen Rußland, dem Deutschen Reich und Österreich-Ungarn geschlossen. In den folgenden Jahren kam es auf dem Balkan zu Aufständen gegen die türkische Besatzung. Rußland kam der dortigen Bevölkerung zu Hilfe und erklärte im April 1877 der Türkei den Krieg. Russische Truppen, verstärkt durch serbische und bulgarische Freiwillige, besetzten Bulgarien und Rumänien. 1878 standen sie kurz vor Konstantinopel. Nun griff England erneut zugunsten der Türkei ein, so daß Rußland sein Kriegsziel, die Eroberung Konstantinopels und der Meerengen, nicht erreichen konnte. Die im "Vorfrieden" von San Stefano geschaffenen neuen Verhältnisse auf dem Balkan wurden durch den Berliner Kongress zum Teil wieder rückgängig gemacht. Die Türkei erhielt unter anderem Mazedonien zurück. Die Ergebnisse des Berliner Kongresses führten zu einem Zerwürfnis zwischen Deutschland und Rußland. Bismarck war als "ehrlicher Makler" aufgetreten und hatte Rußlands Position nicht unterstützt. In der Folge wurde das Dreikaiserabkommen von Rußland aufgekündigt. (Am 18. Juni 1881 wurde es jedoch durch das Dreikaiserbündnis nochmals erneuert.) Nach mehreren gescheiterten Attentaten fiel Alexander im März 1881 in Sankt Petersburg einem Bombenanschlag zum Opfer.

Alexander III. (1845-1894) wurde nun Zar. Das vorangegangene Attentat war prägend für die ersten Jahre seiner Amtszeit. Er festigte die autokratische Herrschaft wieder, verwarf einen Teil der liberalen Reformüberlegungen seines Vaters und führte eine Geheimpolizei ein. Er betrieb eine Politik der Russifizierung, die vor allem Polen und das Baltikum betraf. Als größte Leistung Alexander III. gilt der Bau der Transsibirischen Eisenbahn. Der Bau wurde 1891 von ihm proklamiert, sein Sohn Nikolaus führte den ersten Spatenstich aus. Die Transsibirische Eisenbahn wurde mit französischen Krediten finanziert und 1916 vollendet. Rußland erlebte durch das Projekt einen großen

Wirtschaftsaufschwung, begab sich jedoch in die Abhängigkeit Frankreichs. Während Alexander III. Regentschaft entfremdeten sich Deutschland und Rußland. Bedingt durch die bulgarische Krise, in welche Österreich-Ungarn involviert war, zerbrach das Dreikaiserbündnis. 1887 trat an seine Stelle der Rückversicherungsvertrag. Hierbei handelte es sich um ein geheimes Neutralitätsabkommen zwischen dem Deutschen Reich und Rußland. Dieses wurde 1890 von dem deutschen Kaiser Wilhelm II. nicht verlängert, da er es als gegen Österreich gerichtet ansah. Am 4.1.1894 kam es zur russisch-französischen Allianz. Damit war Bismarcks Befürchtung einer Einkreisung Deutschlands wahr geworden. Alexander III. starb am 1.11.1894 während eines Erholungsaufenthaltes auf der Krim.

Nikolaus II. (1868-1918) war der letzte Zar. Der Sohn Alexander III. erlebte als Kind die Ermordung seines Großvaters mit. Dies prägte Kindheit und Jugend, als er nämlich seiner Sicherheit wegen abgeschottet von der Gesellschaft, nur umgeben von Familie und Geschwistern aufwuchs. Nikolaus verlobte sich mit der deutschen Prinzessin Alix von Hessen-Darmstadt. Durch den plötzlichen Tod seines Vaters wurde er schon mit 26 Jahren Herrscher. Er regierte als Autokrat und war vom Gottesgnadentum überzeugt. Erst nach zehn Jahren Ehe wurde nach vier Töchtern der ersehnte Thronfolger geboren. Es stellte sich dann heraus, daß das Kind die Bluterkrankheit von seiner Mutter geerbt hatte. Um dem Jungen zu helfen, wurde der Wunderheiler Rasputin bestellt. Die Krankheit des Kindes blieb Staatsgeheimnis. Da Rasputin bei Krisen des Kindes im Palast ein- und ausging, entstanden Gerüchte um ein Verhältnis und eine Einflußnahme auf die Zarin durch den als zwielichtig geltenden Wanderprediger. Es wuchs das Mißtrauen gegen beide, das sich später während des Krieges verschärfte, da Alix Deutsche war. Man vermutete, daß sie mit dem Deutschen Reich konspirierte. Derweil lehnte der Zar demokratische Neuerungen ab. Aufgrund seiner weltabgeschiedenen Lebensweise, die seit der Kindheit bestand und die nun aufgrund des Geheimnisses um den Thronfolger fortgeführt wurde, hatte er wenig Kontakt zu seinen Untertanen und war nicht in der Lage, die sozialen Spannungen richtig einzuschätzen. Nach der Niederlage im russisch-japanischen Krieg brach die Februarrevolution 1905 aus. In der Folge mußte Nikolaus Zugeständnisse in Form eines Parlaments und einer ersten Verfassung für das russische Reich machen. 1914 brach der erste Weltkrieg aus. Warum sich Nikolaus auf Krieg einließ, trotz vielfacher Warnungen und seiner Freundschaft mit Wilhelm II., ist rätselhaft. Man vermutet das Wirken panslawistischer Berater. Bedingt durch die hohen Verluste an Soldaten an der Front und einer immer schlechteren Versorgungslage kam es zur Märzrevolution des Jahres 1917. Nikolaus mußte abdanken. Die folgende demokratische Regierung unter Fürst Lwow setzte den Krieg dann allerdings entgegen den Hoffnungen und Forderungen des Volkes fort.[13] Die demokratische Regierung wurde noch im selben Jahr durch die bolschewistische Revolution des Amtes enthoben. Die Bolschewisten setzten Nikolaus und seine Familie in Jekaterinenburg fest. Noch bevor weißrussische Truppen die Stadt zurückerobern konnten, wurde die Zarenfamilie in der Nacht zum 17. Juli 1918 von den Roten ermordet. Diese Mordtat stellte - insoweit auch die komplette Familie mit ausgelöscht wurde - einen zivilisatorischen Bruch für Rußland dar. Darauf folgten die kommunistischen Jahrzehnte und die mit dem Bolschewismus verbundenen Ereignisse.

---

[13] Seite 160 ff "Ein Leben als Tochter des Kaisers" von Herzogin Viktoria Luise: Nach Aussagen von Mitgliedern der Zarenfamilie soll Zar Nikolaus nicht von russischen Revolutionären, sondern von Hintermännern der Entente gestürzt worden sein, weil er mit dem Deutschen Reich einen Separatfrieden zu schließen beabsichtigte und damit aus der Allianz ausgeschieden wäre. Siehe hierzu auch Seite 121 "Am Hof des letzten Zaren" von Prinz Roman Romanow.

Nachwort

Dieses Buch bringt den Nachweis der gemeinsamen Abstammung von Russen und Deutschen aus einem in Vorzeiten in Europa siedelndem Volk, das eine Sprache sprach, die vermutlich mit dem rätselhaften Indogermanischen identisch ist. Neu ist diese Erkenntnis nicht. Sprachwissenschaftler sind sich seit langem sicher, daß germanische und slawische Sprachen einen gemeinsamen Vorläufer hatten. Neu ist hingegen, daß diese Sprache mit der analytischen Methode der Etymologie aus russischen Wörtern rekonstruiert werden kann.

Interessant sind die Einsichten, die man dabei über das Selbstverständnis, die Kultur und die Lebensweise dieses frühen Volkes gewinnt. Der Glaube an die stete Wiedergeburt innerhalb der Familie und an die Göttlichkeit des Menschen waren selbstverständlich. Siehe hierzu im Wörterverzeichnis die Wörter "внук", "дети", "дочь", "русский", "ребёнок" und andere. Diese Vorstellungen und die daraus resultierende zuversichtliche Lebenshaltung waren der Garant für das Überleben dieses prähistorischen geheimnisvollen Volkes über Jahrtausende bis in die Zeit der offiziellen Geschichtsschreibung hinein...

Daß bei einer Silbentrennung russischer Wörter schwäbische Sätze aufgefunden werden, mag manchen Leser erstaunen. Dieses Phänomen ist jedoch einfach zu erklären. Die Schwaben sind nämlich nach den Erkenntnissen der Historiker den Elbgermanen zuzuordnen, deren Siedlungsgebiet sich zu Beginn der Völkerwanderungszeit von der Elbmündung bis nach Böhmen und Mähren erstreckte, also dem Gebiet, in dem der auf Seite 88 erwähnte Mährerfürst herrschte. Der Raum in dem die Schwaben bzw. Elbgermanen lebten, erstreckte sich anscheinend noch weiter nach Osten hinein. Deshalb wurde das in Mähren entwickelte "Kirchenslawisch" auch im ersten russischen Reich, der Kiewer Rus, als Hoch- und Liturgiesprache eingeführt, weil nämlich dessen Sprache der in Mähren gesprochenen ähnlich war.

Die am Anfang des Buches gestellte Frage ist damit beantwortet. Russen und Deutsche stammen von demselben Volk ab und sind deshalb miteinander verwandt. Eine Freundschaft wird von beiden Völkern heute dringend gewünscht. Sie scheint unter der Voraussetzung der vollständigen Offenlegung der geschichtlichen Wahrheit auch möglich zu sein. Dazu soll dieses Buch beitragen.

Abkürzungen

altd.   altdeutsch
bay.   bayrisch
sw.   schwäbisch

Bibliographie

Beck, Maja; Grytz, Inge; Günther, Klaus
        1974 Russisch für Sie, Teil 1 und 2, VEB Verlag
        Enzyklopädie Leipzig
Blattner, Karl
        1960 Langenscheidts Taschenwörterbuch Russisch,
        Langenscheidt Berlin München Wien Zürich
Herzogin Viktoria Luise
        1965 Ein Leben als Tochter des Kaisers, Göttinger
        Verlagsanstalt, Göttingen-Hannover
Hildermeier, Manfred
        2013 Geschichte Rußlands - Vom Mittelalter
        bis zur Oktoberrevolution -, C.H. Beck,
        München
Müller, Ludolf (Übersetzer)
        2001 Die Nestorchronik, Wilhelm Fink Verlag,
        München
Prinz Roman Romanow
        1991 Am Hof des letzten Zaren, Piper
        München, Zürich
Reichardt-Hitzler, Margarete
        2018 Die Herkunft der Wörter - Eine Einführung in
        die Etymologie, Books on Demand, Norderstedt